宝剪不老 生花百年

中国著名剪纸艺术家 胡家艺

濮军一 袁振洪 著

苏州大学出版社

Hu Jia Zhi Paper Cut Art

目录

前言

濮 安 国

《宝剪不老 生花百年：中国著名剪纸艺术家胡家芝》一书，是由胡家芝老人的小女儿、高级工艺美术师袁振洪女士和外孙濮军一副教授编著的，他们为纪念母亲、外婆逝世三周年，通过历时三年的努力，多方查找资料，汇集整理，全面地展现了一百一十四岁世纪人瑞胡家芝的剪纸艺术生涯。

本书内容共分六大章、三十多节，叙述了老人一生中创作的主要剪纸作品及其丰富的艺术思想，详尽地描述了她作品的风格、特点和在剪纸艺术上取得的杰出成就；着重研究了老人对吉祥寓意传统思想文化的继承和发扬，以及在与现实生活、时代精神相结合时运用于剪纸艺术的创新表现。更值得一读的是，书中从理论的高度研究和分析了一个生活在民间的剪纸家，如何使剪纸这一古老的民间艺术形式，在与时俱进的新时代，在日常平凡的岁月里，通过自己的创作使它获得了新的生命和活力，依然成为了人民大众喜闻乐见的艺术品，并展示出了它强烈的时代意义和深邃的文化内涵，从而让这一民间传统剪纸艺术在历久弥新的历史发展中，体现出它的真、善、美，以及其真正的精神价值和对社会文明的重要贡献。

人寿一百一十四岁，这对世上绝大多数人来说，会是一个梦，而且是一个很难去做的梦。从1897年到2010年，胡家芝老人经历过了一些什么样的事件和变化，书中几乎没有进行任何记述，但我们从她那一幅幅优秀而隽丽的剪纸作品里，却可以清新地感受到她对生活的一贯态度。她从始至终的淡定和信念，证实了在她心中充满的亲情、乡情和友情，这就是她剪纸永恒的源泉，就是她的追求，她的人生，她的幸福和理想！我们从老人生前写她的许多文章和报道中不难看到，人们都想了解她之所以长寿的经验，甚至希望能取得她的一幅作品、与她合一张影，由此而多一份像老人一样的福分，而她总是一如既往地去祝愿每一个人，希望他(她)们健康、快乐、幸福！她还总是用她的喜花作为礼物，乐意成为人们那样所祈盼的福星。

此书的出版与发行，不仅为喜爱胡家芝剪纸作品的剪纸爱好者及研究者提供了一份丰富的参考资料，而且对剪纸艺术的创新和我国民间艺术学的研究也都会有一定的积极意义。

2013年1月写于三元书屋

第一章

我国剪纸艺术的历史及桐庐、南京剪纸

我国剪纸历史悠久，它是以平常百姓为主体、遍及全国各地的一门民间性的艺术。尤其是在广大的农村，剪纸艺术有广泛的群众基础，自然也有鲜明的地域文化特征。在各种类别的艺术中，剪纸的形式感最为强烈。它是中华民族优秀传统文化的丰富矿藏，积淀着中华民族数千年的民俗文化内涵。这些剪纸土生土长，都是广大民众喜闻乐见的工艺美术品，深受人民大众的普遍喜爱，是我国优秀的民族传统艺术之一；它作为人类文明的一种艺术形式，对世界各国也产生了很大影响。

根据王伯敏先生《敲锣打鼓》一书所作的研究，中国民间剪纸的历史大致可分为以下六个时期：

一、剪纸产生前期，即剪纸史前至汉代。这一时期我国剪纸主要以桐叶为片，自用金属的剪刀后，便开始了剪纸产生的初始阶段。

二、剪纸产生及萌发期，指两汉时期，距今约2000年。汉代有了纸，原来的“剪桐、剪帛、剪金箔”，便逐步自然地顺理成章地产生出了用剪刀剪纸的美术品。

三、剪纸的成长期，即两晋南北朝至隋。已有高昌出土的“对马”、“对猴”和“团花”等剪纸为实证，说明这一时期我国古代剪纸艺术已逐渐茁壮地成长起来。

四、剪纸的昌盛流行期，唐、宋、元三个朝代前后共计有750年的历史，这一时期我国剪纸在迅速发展的同时，还流行传播到了域外。这些皆可以用出土文物、传世遗物和文献记载来说明。

五、剪纸的成熟期，在明、清两代的五百多年中，剪纸深受农耕文化的影响，在进一步发展中获得了多样而精美的式样，同时又有了不同地区的风格与特色。

六、剪纸的壮大与发展期，近代100多年以来，尤其是从二十世纪80年代开始一直到现在，剪纸日益繁荣，成为了我国剪纸历史上空前兴盛的时期。

今天，民间剪纸的进步和发展不仅与历史传统一脉相承，而且在百花齐放、欣欣向荣的形势中不断推陈出新，大量的剪纸作品表现出了强烈的时代性和鲜明的地域性。

从这样一个历史发展的过程中，我们通过搜索各方面的资料不难发现，自古以来，在经济文化发达的江南地区，民间剪纸也世代相传，卓有贡献，如著名剪纸艺术家胡家芝老人长期生活过的浙江桐庐和江苏南京的剪纸，就显得十分出色。

历史悠久的桐庐县始建于三国吴黄武四年(公元225年)，秀丽的

图1-1：旧时浙江剪纸

富春山水孕育了多姿多彩的桐庐民间艺术，其中民间剪纸更是源远流长、久传不衰。五代《武林梵志》对此曾有专门的记载：“吴越钱王于行吉日……城外百户，不张悬锦缎，皆用彩纸剪人马以代。”成书于清乾隆年间的《桐庐县志·风俗篇》中又有记载称：“嫁娶之日，迎亲行礼用彩轿花灯鼓吹前导”，“人日前后竞以纸糊各种龙灯及竹马，穷极工巧”。还有关于“清明前后十日祭祖先墓必取土培之挂纸钱于坟上”，“冬至搞纸钱纸衣展先墓曰送寒衣”等与剪纸密切相关的内容。在桐庐一带，还曾广泛流传“陈老相公”的神话传说。随着时间的推移，“陈老相公”便渐渐成为了桐庐地区的地方神，凝聚着朴素凝重的民间信仰，并以此形成了固定的民俗节日。后来桐庐地区多处建有“陈老相公”的庙堂，而且还产生了一种地方剧“芦茨戏”，从而为当时戏曲人物剪纸的繁盛提供了重要的文化基因。据民国《桐庐县志》载：“城乡有元宵、春社、秋社演剧之举，尤以县城‘芦茨戏’为甚，每年农历五月‘十五日前后，城中预备船只、鼓乐，往芦茨迎陈孚佑侯之神，至则征聘鞠部演剧酬愿，自坊民而商家、而船户，不下百余台’。”

图1-2：旧时浙江剪纸

正是由于有上述文化和民俗作基础，所以旧时浙江桐庐等地区的剪纸（图1-1~图1-2）除婚姻嫁娶的喜花类、佳节娱乐的彩灯类、供神灵祭祖宗的饰花类、丧事祛邪的冥器类，还有日常生活中的衣

图1-3：旧时浙江戏曲剪纸

饰花、鞋帽花等，大至被面、小到烟袋的绣品都要用到剪纸，而戏曲人物故事题材又尤胜一筹。可以说，在桐庐人的生活中，一直有着剪纸风俗的浓郁氛围。

浙江桐庐等地区的剪纸大多采用原色纸张剪成，或以黑白对比获取简练、古朴的效果，具有鲜明的装饰趣味，体现了江南剪纸的艺术特色。（图1-3）

在历史上，江苏和浙江地区的人文资源特别丰富，且同属吴越文化体系。江苏省处于长江下游，在农耕文化的哺育下，这一地区的民间剪纸也相应地广泛流行。其中南京剪纸，据史书可考记述，明代时在民间已广为流传。旧时南京人婚嫁喜庆，多聘请艺人来家用大红纸剪成各式喜花，缀于箱、柜、被、枕等嫁妆之上。其他如斗香花、鞋花、门笺等品种，丰富多样，且都具有鲜明的地方色彩。同时南京剪纸在艺术上吸收了北方剪纸浑厚的长处，在体现江南剪纸精细纤巧的优点之中，还多了一份质朴感，其艺术特点一般可概括为“花中有花、题中有题、粗中有细、拙中见灵”十六个字。南京剪纸常在采用“花中有花”的构图中，能使整幅作品丝丝相扣，统一协调，充实饱满。在运用“题中有题”的手法时，又常取民间吉庆语言，以物谐音，象征隐喻，使作品更好地体现思想感情的表达。故南京剪纸形象变形有度，概括得体，使刻画的人或物既

图1-4：旧时江南剪纸

图1-5：旧时江南剪纸

鲜明醒目，又具有强烈的装饰感。加上南京剪纸具有高超的剪作技巧，做到手随心运，连绵不断，一气呵成；作品造型多以弧线为主，圆润饱满，流畅优美，柔中见刚，故作品特别富有一种形式美，展示了江南民间剪纸别开生面的艺术风貌。（图1-4~图1-5）

从这里我们不难看到，地处东南沿海的江浙两地的剪纸相互呼应，相映成趣，是我国剪纸中南方体系的代表。它们有着相同的历史渊源、相近的地理环境、相似的民风习俗，民间剪纸艺术的人文内涵和形式特征也似乎格外显得相辅相成，相得益彰。正如研究桐庐民间剪纸的楼一层先生撰文所说：江南剪纸“凝练概括，厚中见秀，玲珑剔透，含蓄华丽”。（图1-6）

图1-6：旧时江南剪纸

今天，我们研究的正是一位奇迹般地生活在这块土地上的主人、当代中国民间剪纸艺术家胡家芝，她出生在清末时期，是生长生活在这两个地区而长期受到这一地域传统文化影响的一代剪纸巨匠。胡家芝从桐庐到南京，“在江南一带，她那‘百岁寿星巧剪’，无人不晓。”整整一个多世纪，“从上世纪初的传统剪纸到80年代以后至今的现代剪纸，称誉海内外。”（王伯敏《敲锣打鼓》）她的剪纸艺术生涯和对剪纸艺术做出的重大贡献造就了她在我国剪纸艺术史上的特殊地位，并被光彩熠熠地载入了中国剪纸艺术史册。

胡家芝剪纸作品底稿

第二章

胡家芝剪纸百年 谱写辉煌艺术人生

图2-1：少女时代绣品

一、乡里情依五十载，民间剪纸大众爱

胡家芝，1897年阴历正月二十五日出生于浙江省桐庐县城中的一座原名叫做太平街迎薰坊13号的二层五井的大宅院内。父亲胡传泰是清末的一名附贡生，字奏平，系世传书香门第，家学渊源，思想进步。他注重女子教育，曾创办慈惠女中和桐庐县立女子高级小学，并历任桐庐县教育会会长等公职，还是著名的书法家。胡传泰的胞弟胡瑟如也是名传乡里的花鸟画家。胡家芝在家排行老三，是胡传泰的长女，后又有弟妹九人。小时候的她还曾在外婆家生活了几年，外婆叶家在桐庐是有名望的大家族，故胡家芝自幼成长在家境十分殷实且又有高度文化和礼教修养的家庭环境中，接受了各方面的良好教育。

图2-2：少女时代绣品(局部)

图2-3：少女时代绣品(局部)

读书时代，胡家芝先是在慈惠私塾堂念书，后以优异成绩毕业于县立第一女子学校。她从小聪明伶俐，勤奋好学；且善绘画、刺绣，更喜欢剪纸。七八岁时她的剪纸就常得到大人们的称赞，弟妹们也格外羡慕她的心灵手巧。到十多岁时胡家芝已能剪出花卉、鸟禽、走兽等各种花样，以及戏曲人物等诸多的图案作品，突出地显示出了她的剪纸天分和出众的艺术才华。早在19世纪末，我国刚刚新兴的学堂教育就设有手工课的教学，胡家芝在县立女子学校也接受过这方面的熏陶，曾得到过一位手工课老师的特别

图2-4：少女时代钩包小品

图2-5：少女时代钩包小品

图2-6：少女时代钩包小品

图2-7:少女时代钩包小品

指导。她常能制作出各式各样的工艺品来，如装置盆花、纸扎小花轿、钩针小包包、剪纸的鞋头花样和各种不同的刺绣品等，在同学中十分出色。(图2-1～图2-3)她的绣品在学校里陈列展出时，还曾因为实在惹人喜爱而被人偷去作“收藏”。她用钩针编织的许多小工艺作品(图2-4～图2-7)也特别精致，美丽的花朵、有趣的小动物，生动变化的图案纹饰，以及各式各样可放东西的钩包、小口袋……都让人爱不释手。

胡家芝二十岁那年出嫁，夫家在远离县城十五公里外窄溪镇的一个名叫珠山的小村庄。那里恰是富春江畔一处田园风光优美、自然景色如画的富裕乐土，葱绿色的远山，清澈无比的溪水，处处让人感到格外心旷神怡。物产丰富的山庄、生机盎然的自然环境，使年轻的胡家芝感受到了一种全新的生活。这里年年丰收的稻谷、棉花、甜瓜、鲜果，让胡家芝的生活过得非常殷实而自在。四季的鸟语花香和成群的家禽、家畜等，让她似乎过起了一种世外桃源般的生活。总之，这里一切的一切，对一个原本喜爱读书和手工劳作的大家闺秀来说，既新奇又美好，也为她的日常刺绣和剪纸创作提供了取之不尽的素材和内容。从此，胡家芝怀着一种“随遇而安”的心态，陶醉于她酷爱却似乎又有一些朦胧的民间自生的剪纸创作之中。当地丰富多样的民风习俗哺育着她纯洁而聪慧的艺术心灵，如

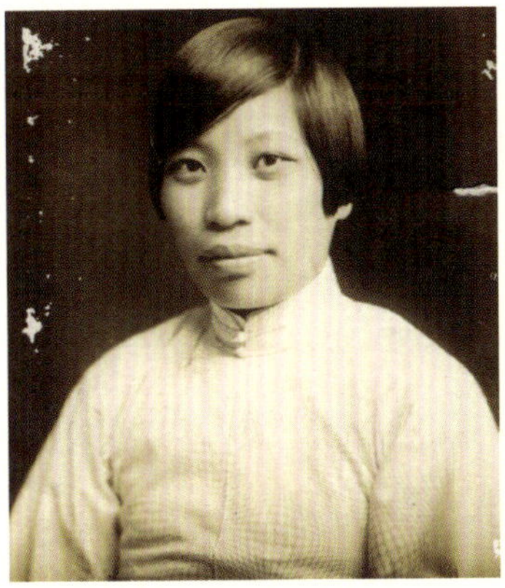
年轻时的胡家芝

桐庐山水风景

乡村过春节、送灶神、闹元宵、十月十八庙会节，舞龙灯、跳竹马、贴花纸、备供品等纯朴而传统的民俗活动，都会激发她的艺术热情，成为她用来创作剪纸的时机和素材。乡间的婚庆佳日都要以剪“喜花”、“灯花”、“礼花”来装饰器物、用具和室内环境，这更使她的生活充满着无比的愉悦，并经常沉浸在剪纸创作中而乐此不疲，她的艺术创作也满足了当地各种民间社会活动的需要。由此，月复月，年复年，在珠山生活了33个年头的胡家芝，虽早已经是上上下下一把手的家庭主妇，平日里她操劳家务，相夫教子，但每每逢年过节，为人谦和的她，在各种各样的节日活动中，剪礼花、扎灯彩、上供品，总是以一名最出色的能手，以最显现的作品而惹人喜爱，她设计的灯彩精巧玲珑，剪的“喜”字精致而富有不同的形式变化。随着岁月的流逝，她成了远近村里众口称颂的“添福”、“增寿”剪纸名人，乡村邻里们都颂她为“福星”。故而，以后在外地生活的漫漫岁月里，她在回忆中总是钟情尤加地说：是家乡的山山水水、是乡里的亲情民俗，酿成了自己剪纸创作的一种特长和终身不弃的特殊爱好。从童年开始，前前后后在美丽的富春江畔生活了半个多世纪的胡家芝，吸收到了民间美术丰富深厚的营养，在浓郁的民俗乡情活动中，她完全锻炼成长为一名成熟的民间剪纸艺术高手。

珠山袁家老屋

珠山的田野风光

她以旧时一般乡村妇女很难具有并掌握的文化知识，对江南

图2－8：君子兰

图2－9：茶花

图2－10：鞋头花鱼

传统剪纸获得了驾轻就熟的技能和方法，她对民间剪纸的各种表现形式都达到了熟能生巧的地步；尤其民间用来“讨口彩”的民族传统吉祥图案，通过她自己几十年的实践和领悟，几乎成了她剪纸创作中信手拈来的一部百科全书。也许是天意，也许是一种福分，由此，剪纸在胡家芝的日常生活中已是不可或缺的一部分，只要有条件，她都会用剪纸来安排自己的生活，通过创作剪纸作品，实现自己的心愿和爱好，表达自己的思想和感情。(图2-8~图2-11)

图2－11：鞋头花葡萄松鼠

胡家芝五十年代时的照片

二、移居金陵新时代，宝剪技艺展风采

胡家芝的丈夫袁月涵年少时就擅书善画。他与胡家芝结婚后去上海政法大学继续读书，但因病而辍学，未能完成学业。后来在杭州工作，也回家乡做事，1950年由于犯病而住在杭州清波门荷花池头13号。为了服侍丈夫养病，胡家芝离开珠山，告别了自己的家乡浙江桐庐，只身来到杭州。1951年6月，丈夫因肺病医治无效病逝，胡家芝守候一段时间后，于次年（1952年）四月由大儿子袁振藻接到江苏南京定居，时年53岁。

胡家芝有三子二女：二儿子袁振彝，三儿子袁振武，大女儿袁振湘，小女儿袁振洪。当时除小女儿在家念书陪伴年迈的祖母外，其他四人都已在外地参加工作。

南京旧称金陵，系我国历史上的六朝古都，人文环境与文化氛围不同于江南农村。新中国成立后南京也进入了一个新的时代。丰富多样的都市生活像朝霞一样灿烂，这对一位年过半百、来自乡村的家庭主妇来说，不能不说是一种翻天覆地的变化。大城市的景象和新的环境，大大地拓展了她的视野，更给赋有艺术天资而又有着一定文化素养的胡家芝带来了无比的艺术青春和活力。(图2-12~图2-13)胡家芝在南京一方面帮助担任教育工作的

图2-12：花鸟双喜（1954）

图2-13：双鹿图（1954）

儿子、媳妇料理家务，安排一日三餐；一方面抽出空闲时间，看报纸、翻阅杂志，一有启发，就画些图样，十分自然地将生活的兴趣又投入到自己本来就酷爱而且也已得心应手的剪纸上。从此，胡家芝的剪纸艺术开始在一个新的层面不断地展现出了她的才能和智慧。她无需得到“进修”和“培训”，完全是在自由的艺术天地中自在地进行自己的剪纸创作，并在创作中不断提升自己的水平。这或许只有身在民间的艺术家才能这样去实现一种所谓艺术的自我，她依靠自身的艺术素质和一种潜能或天性，依靠特定的生活环境才会在这样的时代转折中产生出令人敬仰的艺术才华。

1955年，因有关方面的委托，她成功地剪出了一幅主题明确且富有思想内容的新型喜花《中苏友好·和平万岁》。这幅作品由有关方面作为礼品赠送给了来我国访问的苏联教育代表团，并在1956年6月号的《雨花》杂志上公开发表。这一幅新作品的诞生，对胡家芝来说是一次开创性的飞跃。剪纸以和平鸽为主题形象，与由四季花卉纹样、寓意纹样等组合成的团花、角花一起，共同构成了传统剪纸的喜花式样，并巧妙地将“中苏友好”、“和平万岁”的文字嵌入其中，使作品取得了完美的艺术效果，更受到了国际友人的高度评价。（图2-14）

图2-14:中苏友好·和平万岁（1955）

图2-15：和平万年（1956）

图2-16：保卫和平（1957）

图2-17：和平万岁（1957）

移居南京后，随着时代和生活环境的变化，胡家芝的剪纸很快地出现了与以前不同的崭新的内容，这也是新时代赋予她艺术的创作灵感。胡家芝长期生活在一个全家都从事美术工作的家庭里，所以她的思想很容易接受到新的事物，加上外地工作的子女的关心和鼓舞，她总是心情愉悦，平时里除了看书读报、收听广播外，还常接收来自各方面的人文资源和艺术讯息。丰富多彩的都市文化生活的影响，使她对剪纸这门艺术很快又获得了许多理性上的理解和提高。

20世纪的50年代，胡家芝老人切身地感受到，我们的国家需要一个和平的环境，1956年，她以期盼天下太平的心愿，默默构思创作了一幅以和平鸽为主题的《和平万年》新型喜花，这一作品的完成使胡家芝的剪纸进一步受到了大家的欢迎和关注。次年，她又以同样的情怀和愿望创作了《保卫和平》，这一剪纸新作很快在1957年11月号《江苏文艺》上刊登了出来。胡家芝连续几年以和平为主题的三幅剪纸作品，主题鲜明、形式各异，均以高度的艺术水平，让人们看到了她剪纸艺术创作的潜力和非凡才能。毫无疑问，这三幅作品标志着胡家芝剪纸艺术在新时代依然焕发着艺术生命力。（图2-15~图2-17）

图2-18：四季丰收·连年有余（1958）

图2-21：红勤巧俭（1959）

图2-22:红旗飘万年（1959）

图2-19：女航海员（1958）

图2-20：喜报丰收（1959）

而后，胡家芝始终不断地努力以一种崭新的艺术观与时代同步，不断地作出探索，积极创新，使自己的剪纸在传统的基础上时时生发出新的面貌和光辉。从此，一幅幅优秀的剪纸新作品从胡家芝手中诞生，它们以强烈的时代特征和极其浓郁的文化特征，为新时代的民间剪纸艺术谱写出了一篇篇动人心弦的乐章。

祖国日新月异的发展不断地激发着胡家芝的创作热情，她的创作思路越走越宽广，大量具有时代气息的剪纸新作，从这位已经年过花甲的老人手中源源不断地涌现出来。1958年她剪了《四季丰收·连年有余》、《工农联盟·龙凤呈祥》、《如意幸福》、《工农兵》、《女航海员》、《百年好合》、《同心同德·互敬互爱》、《勤俭建国》等一大批作品。（图2-18~图2-19）1959年又有《丰年长寿》、《肥多粮多》、《红勤巧俭》、《喜报丰收》、《年年有余》、《祖国万岁》和《红旗飘万年》等优秀作品问世。（图2-20~22）时年正值庆贺中华人民共和国成立十周年，《祖国万岁》等剪纸作品参加了在南京市举办的美术展览会，展出中受到了专家和观众们的高度重视和一致好评。在作品中胡家芝不仅能充分地传达自己的美好愿望，而且能够深刻地反映祖国的欣欣向荣和繁荣昌盛，剪纸以独特完美的群众喜闻乐见的式样，歌颂时代，歌颂祖国，歌颂人民。很多作品多次参加省、市、全国

图2-23：养猪光荣（1960）

的展览或出国展出，在深受人们赞赏的同时获得了社会的关注和肯定。1960年，她加入了南京市文联，并正式成为美术家协会会员。

通过对胡家芝老人剪纸生涯的研究，我们不难发现，胡家芝开始定居南京的十多年，也就是从20世纪的50年代到60年代，是她运用传统剪纸形式不断探索表现新时代现实生活的创新时期。一直到20世纪70年代初，一个从农村来到大城市的家庭妇女，竟然默默地创作出了一百多幅新题材的新剪纸。其中有以农村为题材反映农村大跃进的；有以农业丰收等新气象反映农、林、牧、副、渔等农村新面貌的；又有庆祝"三八"妇女节，表现新中国妇女形象的；更有表现新时代的美好，反映人民生活美满幸福的。其中一幅喜庆"三八"妇女节的《养猪光荣》（图2-23）参加了在北京举办的纪念"三八"国际劳动妇女节50周年美术展览，并由我国对外文化委员会选入"中国民间剪纸展览"，赴波兰等国家参加文化交流展出活动。尤其是在1961年至1963年期间，她的作品连续三年参加了南京、扬州、南通三市联合举办的剪刻纸巡回展。三届展览，每次胡家芝都有10幅作品参展，这30幅精美的创新作品使她在江苏民间美术界赢得了很高的荣誉，其中的《丹凤朝阳》、《四合如意》、《双鹤长寿》、《百花齐放向太阳》、《万年和平》等作品（图2-24~图2-25），都已成为内容与形

图2-24：四合如意（1961）

图2-25：双鹤长寿（1962）

胡家芝六十年代的照片

八十年代的胡家芝在创作

图2-26：桂花白头翁（1962）

图2-27：黄莺石榴花（1962）

式完美统一的优秀代表作。（图2-26~图2-27）1968年，胡家芝曾被邀请作为正式代表参加南京市文学艺术工作者代表大会，她的剪纸事业由此很快步入了一个崭新的辉煌时期。

"文革"爆发以后，从1969年11月至1977年，胡家芝跟随大儿子一家下放到江苏淮安史荡大队落户。虽然在那样的年代里她很难继续创作剪纸，但作为一个艺术上已经成熟的民间艺术家，她已完全懂得了如何在不同的环境中去感受不同的人生，继续为剪纸创作积累自己所需要的各种素材。其实，旧时的胡家芝并没有亲自下地务过农，而在这时，这位老人开始了自己翻土下籽、自己种菜种瓜的生活。也正因为这段经历，她对四季蔬果、草虫飞蛾、鸡鸭牛羊才有了更多直接的接触、更细致的观察和心灵感受。在她以后的作品中，我们时不时地会发现，即使是一根小草、一棵小芽或者昆虫之类的小动物，都会被她刻画得栩栩如生，这同她在淮安的这段生活经历是有着特殊情结的。

图2－28：万象更新（1983）

三、爱心满怀传深情，喜花创新美人间

1977年重返南京定居后，胡家芝在人生的道路上再次翻开了新的篇章。随着我国改革开放的不断深入，人们的思想观念在不断地改变着，各行各业都在为实现工业、农业、科学技术和国防四个现代化的宏伟目标而努力。胡家芝老人似乎一下子也年轻了许多，她十分敏锐地感受到了国家、人民包括自己的亲人和家人们以及社会各个方面都在产生着的种种变化。

从20世纪80年代起，一位已是过了人生古稀之年的老人，却用她手中的剪刀、用她的剪纸艺术更加满怀深情地投身到剪纸创作中，不断地表达她对祖国的爱、对人民的爱、对家人的爱，焕发出了她无比青春的艺术活力。比如20世纪80年代初，她以娴熟的技巧剪出了一幅生机盎然的《美满民间》喜花，内容以盛开的民间称之为“常春花”的月季花作主题，题名文字作为精致花瓶上的装饰图案，是一幅象征人间似花、美丽常在、生活幸福的优秀作品，是一幅造型生动、剪技精湛、意味无穷的新时代剪纸代表作。喜花《万象更新》（图2-28）更是胡家芝对新时代的歌颂与赞美，作品无论是在思想、内容、形式、风格上都达到了高度完美的统一，是剪纸艺术领域中体现时代精神的典例。在20世纪80年代，胡家芝剪出了许许多多感动人心和富有时代意义的精彩剪纸，一件件一幅幅创新作品无不给人们带去了美好的景象、无限的

图2-32：十二生肖（1987）

图2-33：双凤牡丹

图2-29：喜上眉梢（1962）

图2-30：金鱼荷花（1982）

图2-31：比翼双飞（1981）

祝福，同时也给人们带来了生活的激情和无比美好的审美享受，她的作品在广泛的流传中已成为不可多得的艺术珍品。

1987年春节期间，江苏省工艺美术学会民间工艺美术研究会在南京举办“江苏省民间剪纸展览会”，胡家芝的《喜上眉梢》、《金鱼荷花》、《比翼双飞》等十余幅剪纸精品参加展出。（图2-29~图2-31）后来，这些作品又赴扬州市、南通市等地进行巡回展览。这一年里，南京艺术学院教授张道一主编的《中国民间工艺》杂志，由我国工艺美术著名青年学者濮安国编著、万里书店有限公司(香港)和轻工业出版社联合出版的《中国十二生肖图集》、《中国凤纹图案》等书籍中，都选录了剪纸艺术家胡家芝的剪纸作品。同年，南京师范大学美术系教师余乐孝在编写幼儿师范教材中，还选用了胡家芝的剪纸《双鱼》作为范图。（图2-32~图2-34）

1989年，江苏省电化教育馆摄制了《胡家芝剪纸艺术》电视专题片。后于1994年又进行了第二次摄制。

1989年8月，《胡家芝喜花剪纸集》由江苏美术出版社正式出版发行。（图2-35）这本剪纸集共选编作品119幅，主要是胡家芝20世纪50年代至80年代间的精品。编者在后记中写道：“本书承著名画家叶浅予教授以书信的形式，满怀深情的写了序言……为本书增添

图2-34：双鱼(1959)

图2-35：《胡家芝喜花剪纸集》

了价值和光彩。高级工艺美术师濮安国在百忙中，为剪纸作品作了很好的分析、评介，有助于读者对作品的了解和欣赏。”剪纸集的出版和发行使胡家芝的剪纸艺术得到了更广泛的传播，不仅让更多的剪纸爱好者看到了一位民间剪纸老艺术家的作品和成就，扩大了影响，而且还在艺术界引起了专家、学者的普遍称道。尤其在胡家芝的家乡桐庐，在县政府相关部门的直接关怀和有识之士的推崇下，其剪纸艺术再次得到了家乡人民的敬重和珍爱。在她的家乡很快地掀起了剪纸热潮，剪纸创新蔚然成风。不久，桐庐县被文化部命名为全国“民间艺术（剪纸）之乡”。

图2-36：故乡常青(1989)

图2-37：凤凰牡丹

为了感谢浓郁的乡情民情，后来已经在常人难以企及的高龄下，胡家芝老人还不断地怀着对家乡的深深恋情又剪出了不少好作品，如《故乡常青》、祝愿乡里的《花好月圆·人寿年丰》、给桐庐女儿村文化园送去了《凤凰牡丹》、《福禄寿》等非常优秀的剪纸作品。（图2-36~图2-37）

1990年，胡家芝被推荐加入全国剪纸研究会成为会员，并被选为名誉理事。

为了庆祝即将来临的百岁寿庆，1994年老人家自己剪就了一幅大型喜花《百寿图》。1995年春节，由南京市文化局、桐庐县文化局

张道一在“百岁老人胡家芝剪纸艺术展”开幕式上致辞

胡家芝开幕式上讲话

参观者在展览会上

等六个单位在江苏省美术馆联合为胡家芝举办了她的第一次个人作品展览，在隆重热烈的《百岁老人胡家芝剪纸艺术展》开幕式暨百岁大寿庆典会上，专家和学者代表以及南京市文化局、桐庐县文化局、南京市美术家协会领导一一发表了热情洋溢的祝贺辞。全国著名工艺美术学家张道一教授说：胡老的剪纸作品“件件都在催发着人们的‘艺术细胞’”，“她创造艺术，娱乐了别人，也充实了自己”。

这次展览会上共展出各类剪纸作品172幅，作品的题材内容丰富多样，高度的艺术水平令人赞不绝口。尤其感人至深的是百岁老人对剪纸艺术的执着追求和锲而不舍的创新精神，它们深深地浸润了所有参观者的心田，大家都为她取得的卓著成就而喜悦、庆贺和骄傲。这次展览也使艺术界的人士清楚地看到，改革开放以来民间剪纸在中国主流文化中产生着越来越重要的影响。

更让人惊讶的是在步入百岁高龄之年，胡家芝老人不仅身体依然强健，精神矍铄，而且创作热情更加高昂。1995年，耳聪目明、思维敏捷的她为了祝贺在北京召开的第四次世界妇女大会，特意设计创作了一幅《丹凤朝阳》，作为给联合国第四次世界妇女代表大会在中国召开的献礼，并让家人寄去北京。这一年她还剪了《十全十美·幸福万年》、《荷塘飞鱼》、《蝶恋花》等好作品。这些作品在《江苏妇运》、香港《紫荆》

图2-38：蝶恋花（1980）

图2-39：荷塘飞鱼（1981）

“江苏省各界老人喜迎香港回归座谈会”上接受媒体采访

等杂志上发表，这些刊物同时还刊载了专题介绍她的文章或相关评论。（图2-38~图2-39）

1996年和1997年，南京电视台、《南京文艺界》、《健康指南》以及我国台湾的《师友》与《中国语文》等杂志，先后刊登了胡老的剪纸作品和寿星人像照片，同时发表了各类研究文章褒扬她的艺术成就。1997年，胡家芝以最大的热忱和特别喜悦的心情，为喜迎香港回归创作了《普天同庆》的新剪纸。这是一幅视觉冲击强烈、内容涵义深邃的剪纸杰作。为此，新华社发出了张凤扬拍摄的《普天同庆》的新闻照片。《人民日报》、《今日桐庐》、《南京日报》、中国新闻网、《新民晚报》等都在醒目的版面刊载了这幅照片。这幅剪纸作品也被选为特殊礼品赠送给了香港特别行政区筹备委员会。在香港回归的喜庆日子里，她应邀参加了“江苏省各界老人迎香港回归座谈会”等庆祝活动。

1999年10月12日，胡家芝在大儿子和小女儿的陪同下，应邀乘飞机去北京参加了中央电视台“世纪人瑞——庆祝国际老年人年”专题文娱晚会。在北京期间，老人受到了全国人大、政协领导的接见，并被授予“中华百岁老人健康之星”的光荣称号。接着，国务院新闻办摄制组又为胡家芝老人拍摄了《神州一叶：百岁老人胡家芝》的纪

千禧年之后的胡家芝

图2-41：松鹤延年（1999）

图2-40：《世纪人瑞——胡家芝剪纸艺术精品选》

录片，通过“五洲传播中心”向国外介绍胡家芝老寿星和她的剪纸艺术。同年12月，家人们又为她特别精编印制了一本大型画册：《世纪人瑞——胡家芝剪纸艺术精品选》。（图2-40）她为“庆祝1999年国际老年人年”又剪了一幅《松鹤延年》喜花作品。（图2-41）在“精品集”封三页上，刊登了于会教授撰写的专题文章《喜花吉祥美人间——世纪老人胡家芝的剪纸艺术》，文中论述说：“胡家芝老人喜花最大的特点之一，是在塑造作品的形象时，十分注重刻画形象造型的艺术特征，无论是一支花朵、一种果实，还是鸟禽或树木以及几何图形，均运用民间喜闻乐见的形式，正确、简练、生动的剪纸方法，描绘得形神兼备、栩栩如生，表现出剪纸形象特有的造型效果。由于造型自然真切，又善于在喜花传统形式中富于构图的变化，所以每幅作品均取得了特殊的表现力和感染力。这种写真和寓意相结合的形象创造能力，形成了胡家芝独特的剪纸语言和艺术风格，故而，其作品总是质朴典雅，富丽娟秀，悦目耐看，特别惹人喜爱。这种既具有民间气息，又含蕴书卷意味的喜花作品，使胡家芝的剪纸作品常常呈现出别具一格的面貌。”文中还指出，在老人的喜花中，“无一不充满着真情和深爱，许多作品，或是抒发她对社会主义祖国的无比热爱，或是对乡亲和

图2-42：鸳鸯情深喜花（1985）

图2-43：鹿鹤同春·长乐永康（1997）

朋友们的祝福和关切，也有她对自己子女和亲人的祝愿和爱心。这些充满着‘爱’和‘情’的喜花，老人总是以独特的艺术语言，以得心应手的剪纸技巧，通过谐音、含义、象征等方式，使作品以如意吉祥、相亲相爱、健康快乐、美满幸福等内容和主题，表现出完美的艺术式样。”（图2-42~图2-43）

1999年，是中华人民共和国成立五十周年，年末又是中华民族喜迎澳门回归之时，胡家芝老寿星再次金剪熠耀，以《国富民强》、《喜迎回归》这两幅形式完美、内涵丰富的独特喜花，为我国民间剪纸艺术再一次添加了厚重的一笔。（图2-44）

图2-44：国富民强（1999）

获浙江省文化厅颁发的“特殊贡献奖”

荣获“中华百岁老人健康之星”称号

参加中央电视台举办的《世纪人瑞》文娱晚会

四、世纪人瑞创奇迹，百年剪纸为人杰

进入21世纪后，胡家芝这位世纪老人的艺术青春依然焕发，每每在不断的创作中享受着无尽的喜悦。在一次又一次取得新成果的同时，也收获着一份份新的欢乐和荣誉。

2000年，104岁的胡家芝老寿星发表了新喜花《同心同庆·健康长寿》。

2001年，胡家芝老人完成新作《吉祥如意》。

2002年4月1日，胡老的家乡桐庐女儿村正式成立民间剪纸艺术馆并对外开放，老人以拳拳之心创制了一幅《女儿村开业大吉》的剪纸让人送去家乡，表示关切与祝贺。家乡的艺术馆特聘胡家芝担任了名誉顾问。

2004年新春期间，桐庐举办首届“神州风韵”全国剪纸大赛，胡家芝创作的《花好月圆·人寿年丰》荣获特别贡献奖（这次大赛中的另一位特别贡献奖得主系陕西省中国工艺美术剪纸大师高凤莲）。同年11月，浙江省剪纸研究会授予胡老“浙江剪纸艺术终身成就奖”。（图2-45）

图2-45：花好月圆·人寿年丰（2004）

图2-46：《百岁剪纸艺术家
胡家芝剪纸评论集》

图2-47：庆祝建军80周年（2006）

2005年4月，胡家芝荣获南京市人民政府颁发的“终身成就奖”。6月17日，《人民日报》发表《江南剪纸传人胡家芝：一剪成百年》。就在这一年老人完成了喜花新作《富贵万年》，时年108岁。

2006年7月，109岁的老寿星又完成了一幅以《庆祝建军80周年》为题的喜花剪纸。8月，南京市文学艺术界联合会编辑的《百岁剪纸艺术家胡家芝作品集》由五洲传播出版社出版发行。与此同时，胡家芝剪纸评论集编委会还为老人编写印制了《百岁剪纸艺术家胡家芝剪纸评论集》。同年10月，《“神州风韵”全国剪纸大赛作品集》出版，书中对胡家芝作了专页介绍，并选用她的《百寿图》等不同时期的代表作品四幅，分别刊登在封面和封三页上。（图2-46~图2-47）

2008年在北京举办奥运会是中华民族历史上的一件大事，这一年，112岁的胡家芝以无比喜悦的激情创作了一幅题名为《喜迎北京奥运》的剪纸精品。（图2-48）这幅作品在北京参加展览后被赠送给了北京奥组委。在5月7日那天，老人坐着轮椅，在家门外的路边与广大市民一起参加了迎接奥运会圣火的传递活动，《人民日报》等媒体对此作了专门报道。2008年，汶川发生大地震，胡家芝积极响应南京市有关方面发起的为“5·12”赈灾的号召，不仅捐了500元人民币，还剪制了一幅《同献爱心》，并亲笔签上自己的名字。（图2-49）

图2-48：喜迎北京奥运（2008）

图2-49：同献爱心（2008）

图2-50：“从事新中国文艺工作60周年”纪念章

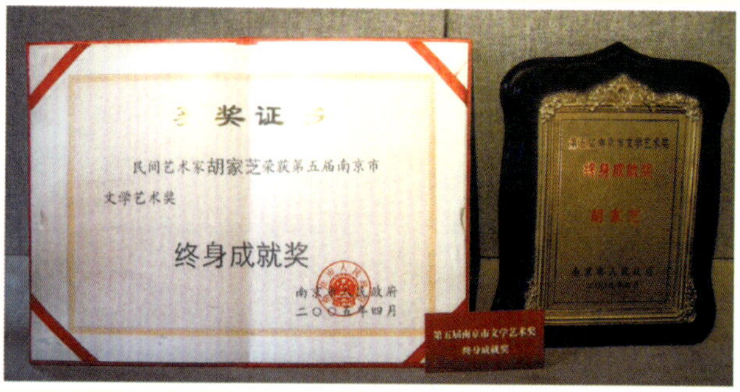

图2-51：荣获第五届南京市文学艺术奖“终身成就奖”

浙江桐庐胡家芝剪纸艺术馆

胡家芝剪纸艺术馆陈列厅

2009年7月，中国文学艺术界联合会向胡家芝颁发“从事新中国文艺工作60周年”纪念奖章和荣誉证书。（图2-50~图2-51）

2009年11月，浙江桐庐“胡家芝剪纸艺术馆”正式落成。这座古色古香的剪纸艺术馆进门的正中有一幅红色剪纸作品，上部有我国著名美术史论家、画家、中国美术学院教授王伯敏先生题写的“剪纸人生”四个大字和“千年歌绝艺，百岁舞金刀”的对联。艺术馆分上下两层，其中一层挂着胡家芝老人的一幅幅剪纸精品，如《祖国万岁》、《万象更新》、《富贵白头》、《普天同庆》、《长寿》、《富贵双全》和《名家百岁》等都是她的经典之作。（图2-52~图2-53）馆中除了一部分是复制品外，共有胡家芝老人捐赠的作品105幅，大都是20世纪90年代后期的原作。馆中还陈列有她用过的剪纸工具和生活用品。同年12月，张华钢著的《胡家芝传》一书由大众文艺出版社出版发行。（图2-54）

2010年，浙江省文化厅授予胡家芝“浙江省非物质文化遗产项目（剪纸）荣誉传承人称号”。受南京市妇女界联合会的约请，胡家芝寿星与小女儿袁振洪合作，为庆祝“三八”国际劳动妇女节100周年，完成了《喜庆三八国际妇女节100周年》的剪纸创作。遗憾的是不久老人就住进了医院，3月23日，中国杰出的剪纸艺术

图2-52：富贵双全（1995）

图2-53：名家百岁（2002）

家胡家芝老寿星与世长辞，享年114岁。同年10月，在南京市中山南路南捕厅15号南京民俗博物馆甘家大院内42号，成立了“胡家芝剪纸艺术馆”。

图2-54：《胡家芝传》张华钢著

现据不完全的资料统计，胡家芝的剪纸作品除大量被个人收藏外，先后由国家或单位收藏的累计共350余件。其中中国美术馆40幅、中央电视台2幅、中国人民解放军总后勤部“王春民间艺术馆”2幅、江苏省美术馆42幅、南京市民俗博物馆125幅、桐庐县文化馆25幅、桐庐胡家芝剪纸艺术馆105幅、华夏剪纸博物馆1幅、南京市鼓楼区档案馆2幅、鼓楼区石头城社区3幅、弘越文化中心1幅、桐庐女儿村文化园1幅、南京草场门居民委员会1幅。中国民间剪纸艺术家胡家芝的简历和主要事迹，先后被载入《中国美术家年鉴》、《中国民间名人录》、《世界名人录》、《中国民间剪纸史》等书籍。

南京胡家芝剪纸艺术馆

南京民俗博物馆胡家芝剪纸艺术陈列室

赠送南京鼓楼社区剪纸《家》

五、胡家芝在国内外有关杂志、报纸发表或在展览中展出的主要剪纸作品

1. 1956年6月，《中苏友好·和平万岁》剪纸作品在《雨花》杂志封底上刊出。
2. 1957年11月，《保卫和平》剪纸作品在《江苏文艺》杂志封底上发表。
3. 1959年10月，《祖国万岁》剪纸作品在中国美术家协会江苏分会筹委会、江苏省美术陈列馆筹备处主办的“江苏省庆祝建国十周年美术展览”中展出。
4. 1960年3月，《养猪光荣》剪纸作品首次参加全国妇联、中国美术协会在北京联合主办的“纪念‘三八’国际劳动妇女节50周年美术展览”展出，同年由全国对外文化委员会选送去波兰参加“中国民间剪纸展览”。
5. 1961年7月，《龙凤呈祥》剪纸作品参加由中国美术家协会江苏分会、江苏省美术馆联合主办的“江苏省一九六一年美术展览”。
6. 1961年10月，《丹凤朝阳》、《四合如意》、《双鹤长寿》、《百花齐放向太阳》等10幅剪纸作品参加“第一届南京、南通、扬州剪刻纸联展”巡回展出。
7. 1961年10月24日，《四合如意》剪纸作品在《新华日报》第4版上发表。
8. 1962年1月，胡家芝被选为南京美术界代表，出席南京市文学艺术工作者第三次代表大会。作品《祖国万岁》参加美术创作汇报展出。
9. 1962年8月，《金鱼荷花》、《喜花》剪纸作品参加由南京市文联、江苏省美术馆联合主办的“南京市一九六二年美术展览会展”展出。
10. 1962年10月，《荷》、《凤戏牡丹》、《百花向阳》、《牡丹白头》、《五福捧寿》、《金鱼荷花》、《花鸟》、《鹤》等10幅剪纸作品，参加“第二届南京、南通、扬州剪刻纸联展”。
11. 1963年3月，《花香蝶来》、《人民公社好》、《粮棉丰收》剪纸作品参加由江苏省妇女联合会、中国美术协会江苏分会、江苏省美术馆联合主办的“第二次妇女美术作品展览”。
12. 1963年7月，《花蝶图》、《四合如意》、《百花向阳》、《金鱼荷花》等剪纸作品参加南京市手工业管理局、南京市手工业生产合作社联合在北京举办的“南京市工艺美术展览”。
13. 1963年10月，《四季果》、《花蝶图》、《梅花》、《水仙》、《牧》、《渔》等剪纸作品参加“第三届南京、南通、扬州剪刻纸联展”。
14. 1983年11月，《万象更新》剪纸作品参加由南京市文联、美协、江苏省美术馆联合主办的“南京市美术作品展览”。

15. 1986年2月17日，《鸳鸯荷花》剪纸作品由《扬子晚报》发表。

16. 1987年1月，江苏民间工艺美术研究会主办“江苏省民间剪纸展览会”，胡家芝的剪纸作品《祖国万岁》、《喜上眉梢》、《百花齐放向太阳》、《四合如意》、《富贵白头》、《白鹤仙桃》、《美满民间》、《万象更新》、《鸳鸯戏荷》、《桃花双燕》、《石榴》、《鸳鸯戏水》、《双鸟同栖》等专门陈列展出。并先后在南京、南通、扬州等市进行了巡回展出。

17. 1987年3月，中国工艺美术学会民间工艺美术委员会主办的《中国民间工艺》杂志第3期专文介绍胡家芝剪纸艺术，并刊登了《喜上眉梢》、《鸳鸯戏荷》、《美满民间》、《金鱼荷花》、《万象更新》等作品。

18. 1987年8月，由濮安国编著、万里书店有限公司（香港）和轻工业出版社联合出版的《中国十二生肖图集》一书，以4页版面发表了胡家芝的《十二生肖》剪纸作品。除全图外，还分别将鼠、牛、虎、兔、龙、蛇、马、羊、猴、鸡、狗、猪的生肖图案单独编刊介绍。

19. 1987年11月，由南京师范大学美术系副教授余乐孝编写、人民教育出版社出版的幼儿师范学校课本《手工》一书选录《双鱼》剪纸作品作为示范图。

20. 1987年12月，《凤戏牡丹》剪纸作品在濮安国编著、万里书店有限公司（香港）和轻工业出版社联合出版的《中国凤纹图案》一书中发表。

21. 1988年春节，《双龙戏珠》、《龙凤双喜》剪纸作品在苏州工艺美术学会举办的“龙的工艺美术作品展览”上展出。

22. 1989年7月，江苏省电化教育馆摄制了由田翔仁编导的《胡家芝剪纸艺术》第一部电视专题片，专题片中展示了胡家芝在各个时期的代表作品共98幅。

23. 1989年8月，《胡家芝喜花剪纸集》由江苏美术出版社出版发行。

24. 1989年9月，胡家芝在故乡桐庐县文化局举行了《胡家芝喜花剪纸集》（500本）、剪纸作品（20幅）和音像资料赠送仪式。

25. 1989年9月，中国美术馆收藏了《万象更新》、《四合如意》、《美满民间》、《富贵白头》、《金鱼荷花》、《鸳鸯戏荷》、《桃花双燕》、《万年如意》等八幅剪纸作品。

26. 1989年11月，《万象更新》、《工农联盟·龙凤呈祥》等作品参加在北京举办的“全国首届工艺美术作品及名艺人作品”展，并受到表彰。

27. 1989年9月22至23日，江苏人民广播电台在《多彩生活》栏目里重点介绍了剪纸作品《祖国万岁》、《万象更新》和《四合如意》等。

28. 1990年，由南京市选送了胡家芝的四幅喜花剪纸作品，参加在美国圣路易斯市举办的“六市国际业余美术作品展”。

29. 1993年10月23日，是老人节（重阳节），胡家芝向江苏电视台等电视台赠送了大幅剪纸作品《健康长寿》。

30. 1994年5月，《美满民间》、《富贵白头》、《鸳鸯戏荷》、《喜鹊登梅》、《龙凤双喜》、《双鱼喜庆》、《五福捧寿》、《福寿万年》等剪纸作品，由江苏省电化教育馆编制成《手工制作》剪纸欣赏课的教材。

31. 1995年1月28日，《梅鹊争春》剪纸作品在《新华日报》第7版上发表。

32. 1995年2月2日，由南京市文化局、南京市美术家协会、南京市妇女联合会、南京市老龄委员会、浙江省桐庐县文化局、江苏省美术馆在江苏省美术馆联合主办“百岁老人胡家芝剪纸艺术展览”，展出胡家芝各个时期作品172幅，其中《祖国万岁》等21幅剪纸作品被江苏省美术馆收藏。

33. 1995年2月2日，《美满民间》剪纸作品在《扬子晚报》第8版上刊登。

34. 1995年2月12日，《万象更新》剪纸作品在《南京日报》第3版上发表。

35. 1995年3月2日，胡家芝出席了南京市宁海路地区“三八”十佳妇女表彰大会，并在会上展示剪纸新作《喜庆三八》。

36. 1995年3月4日，《三八如意》剪纸作品由《周末》杂志发表。

37. 1995年8月25日，《丹凤朝阳》剪纸作品由《南京日报》刊登。

38. 1995年10月，《丹凤朝阳》剪纸作品在《江苏妇运》杂志封底上发表。

39. 1996年2月1日，《幸福健康》剪纸作品由《南京市场报》刊登。

40. 1996年，《喜上眉梢》剪纸作品在《健康指南》第6期上刊登 。

41. 1996年12月13日，《祖国万岁》剪纸作品由《劳动报》刊登。

42. 1996年12月28日，《美满民间》剪纸作品由《江苏商厦购物导刊》刊登。

43. 1997年3月25日，《祖国万岁》剪纸作品由《扬子晚报》刊登。

44. 1997年4月18日，《祖国万岁》剪纸作品由《新华日报》刊登。

45. 1997年8月2日，《百寿图》、《快乐幸福·万年如意》剪纸作品由《江苏工人报》发表。

46. 1997年11月，《美满民间》剪纸作品由我国台湾地区的《中国语文》杂志第485期封面刊登。

47. 1998年，《普天同庆》、《幸福健康》剪纸作品在《江海侨声》第2期上刊登。

48. 1998年2月1日，《万象更新》、《百寿图》剪纸作品在《祝你健康》第2期上刊登。

49. 1998年，《梅兰竹菊四喜》、《快乐幸福 万年如意》在《南京史志》第3期上刊登。

50. 1998年6月5日，《美满民间》剪纸作品在《新华日报》第6版上刊登。

51. 1999年9月26日，《国富民强》剪纸作品在《商报》上刊登。

52. 1999年10月，胡家芝应邀赴北京参加中央电视台“世纪人瑞——庆祝国际老年人年”专题文娱晚会，并赠给中央电视台《国富民强》、《松鹤延年》两幅剪纸作品。

53. 1999年11月，国务院新闻办摄制组胡茄等同志在宁摄制《神州一叶：百岁老人胡家芝》纪录片；并由“五洲传播中心”在美国彩虹台、熊猫台和欧洲的卫星电视台播出。这部专题电视片除向国外介绍胡家芝的剪纸创作及生活外，还播出了作品《双凤朝阳》、《国富民强》、《松龄鹤寿》、《桃花双燕》、《鱼乐图》等，并重点介绍了《福寿双全》的创作全过程。

54. 1999年，南京有线电视台摄制了《世纪人瑞胡家芝》剪纸专题片，介绍了胡家芝老人的作品及创作生活。

55. 2000年春节，《世纪人瑞——胡家芝剪纸艺术精品选》出版。

56. 2000年5月28日，《祖国万岁》剪纸作品在《新华日报》周末版第171期上刊登。

57. 2000年6月，《四合如意》、《万象更新》、《美满民间》、《健康长寿》、《幸福万年》被南京市民俗博物馆收藏。

58. 2000年10月，《万象更新》、《福》两幅作品由第六届中国艺术节举办的《江苏省工艺美术展览》会上展出。

59. 2000年，《万家更新》、《福》、《四合如意》、《龙凤喜花》四幅喜花入选《江苏省民间工艺博览会优秀作品集》。

60. 2000年10月，北京中国美术馆民间美术部来函，盛赞胡家芝剪纸作品富有浑厚、大气、灵秀的独特风格，并再次收藏胡家芝的剪纸作品26幅。

61. 2000年12月29日，《万象更新》剪纸作品在《南京日报》上刊登。

62. 2001年1月，创作《婚育新风》剪纸作品，馈赠南京市草场门居民委员会。

63. 2001年12月31日，《百寿图》剪纸作品在《桐庐报》上刊登。

64. 2002年2月12日，中央电视台十频道《欢乐夕阳》播出胡家芝专题节目，介绍胡家芝的剪纸创作生活。

65. 2002年3月，胡家芝将其作品《凤凰牡丹》赠送给桐庐大奇山女儿村民俗文化园，以祝贺其开业。

66. 2002年4月16日，中央电视台《夕阳红》摄制组拍摄了胡家芝的剪纸作品及生活片断，并在《夕阳红》节目中向全国播放。

67. 2002年9月28日，《喜气洋洋》剪纸作品由《精品购物导刊》刊登。

68. 2002年9月28日，剪纸角花《牡丹花》、《荷花》、《四季和平》(两幅)在《社会文化导报》第2期上刊登。

69. 2002年10月26日，《松龄鹤寿》剪纸作品由《美术报》刊登。

70. 2002年11月14日，《健康幸福》剪纸作品在《都市文化报》第163期上刊登。

71. 2003年3月5日，《三八幸福》喜花作品赠予鼓楼社区街道委员会收藏。

72. 2003年9月，《百岁人瑞》剪纸作品被上海复旦大学秦建军教授编著的《百岁人瑞》一书收录出版。

73. 2003年12月，《百寿图》剪纸作品由《无锡日报》刊登。

74. 2004年元宵节，《花好月圆·人寿年丰》剪纸作品在浙江省文化厅主办的"'神州风韵'民间剪纸全国邀请赛"上展出，并获大赛最高奖项"特殊贡献奖"。

75. 2004年春节前后，南京电视台十八频道、新闻频道播放胡家芝剪纸作品《花好月圆·人寿年丰》，以新剪纸迎新年。

76. 2004年7月，《祖国万岁》、《国富民强》、《普天同庆》剪纸作品在《南京民间文艺》创刊号上刊登。

77. 2004年10月，《五福捧寿》、《花好月圆·人寿年丰》在扬州举办的江苏省第二届社区艺术节中展出，《花好月圆·人寿年丰》作品获"优秀作品奖"，并获奖状、证书及奖牌。

78. 2004年10月，《万象更新》参展湖南省举办的全国剪纸邀请赛，并获得"特别贡献奖"，作品被华夏剪纸博物馆收藏。

79. 2006年1月18日，《狗年吉祥》剪纸作品由《金陵晚报》刊登。

80. 2006年10月，在浙江省桐庐县大奇山庄举办"胡家芝喜花剪纸精品展"，王伯敏教授作亲笔题词："爱剪纸，爱中华"。《中国民间剪纸史》系王伯敏编著，由中国美术学院出版社出版，在该书"近现代民间剪纸艺术家"一章中，介绍了民间剪纸艺术家胡家芝及其作品《双喜团花》。

81. 2006年10月27日，由南京市文联、鼓楼区人民政府主办，南京市民间文艺家协会、鼓楼区文联承办的"百岁剪纸艺术家胡家芝剪纸作品展"暨"《百岁剪纸艺术家胡家芝剪纸作品集》首发式"在南京市美术馆隆重举行。

82. 2006年11月3日，《祖国万岁》、《幸福健康》剪纸作品在《金华日报》上刊登。

83. 2006年，剪纸作品《福》在《南京诗词》第12期封底上发表。

84. 2007年7月，《庆祝建军80周年》喜花作品参加中国人民解放军总后勤部政治部、总后勤军需物资油料部共同主办的庆祝中国人民解放军建军80周年活动和“金戈铁马：王春民间艺术品收藏展”展出，并入选收藏集。

85. 2007年6月，《和平万岁》、《金鱼荷花》、《龙凤呈祥》、《故乡长青》、《喜迎回归》等八幅剪纸作品在《中国剪艺观察》创刊号第三版上刊登。

86. 2007年，胡家芝受聘为浙江省桐庐县旅游地“垂云通天河”景区形象大使，同时《胡家芝剪纸作品明信片》一套出版发行。

87. 2009年，《鸳鸯戏水》、《福》、《万象更新》、《五福捧寿》剪纸作品四幅在《文化交流》杂志第11期上刊出。

胡家芝剪纸作品底稿

第三章

胡家芝剪纸艺术的特点和成就

年寿114岁的中国民间剪纸艺术家胡家芝老人，剪纸生涯长达一百多年，已成为我国美术界的一个奇迹。尤其是她在剪纸艺术上取得的非凡成就，格外引人注目。我们不难看到，当我国随着社会的发展进入到了一个新的历史时期，民族民间剪纸艺术也发生了时代性的变革，胡家芝的剪纸艺术，在承继民间剪纸艺术的传统中，不断地取得了发扬光大的创新成果。由此，她的卓越成就，已被载入中国剪纸美术史册。

胡家芝一生留下了许多珍贵的剪纸作品，其中以喜花为最多、最精美，艺术成就最高，且形式独特，风格鲜明，内容丰富，寓意精深，充分地反映了一个民间艺术家卓越的艺术思想和杰出的艺术才华；也让我们深深地感受到，老人一生孜孜不倦地创作，几乎让每一幅喜花都给人们带来了无比美好的精神享受，并成为一种无与伦比的艺术经典。今天，每当人们回顾起她的艺术人生，也都会情不自禁地为这样一位平凡而又伟大的民间艺术大家所做出的成绩和贡献感慨万千，并发自内心地感到百般的骄傲和无限的崇敬，更能深刻地感悟到她的喜花作品在我国剪纸艺术史上的重要价值和地位。

一、胡家芝的喜花作品，为江南民间剪纸艺术再建高峰

“喜花”是我国剪纸的重要传统形式之一，江南剪纸中的喜花也是在传统习俗喜庆活动中产生的一种独特的剪纸式样。在旧时的结婚喜庆、生日寿宴、过年过节等活动中，民间常以喜花来作装饰，表达美好祝愿。各式各样的喜花大多是用来贴在器物上，作装饰环境、烘托气氛之用。因此，民间喜庆活动中的喜花都比较简朴、单一，常表现为一种图形，比如剪一个“喜”字，很少能有一定的主题和内容以及相应完美的艺术式样。为了突出“喜”字，人们还常常把单体的“喜”字剪成“囍”字，以这种形式表达特定喜庆的涵义。故喜花的名称自然也与“喜”不无关系，“喜”的主题也就由此而约定俗成。

将民间以日用性为目的的传统喜花转变成为剪纸艺术并创新出一种独立的艺术式样，甚至成为具有鲜明主题、蕴含着丰富内容的美术作品，是胡家芝通过其后半生的剪纸生涯、经过长达半个多世纪坚忍不拔的创作实践才全面完成的，而且已取得了令人瞩目的卓著成果。她的喜花作品深深地受到了社会各界人士的珍爱和重视，在艺术领域中产生了独立的意义。

正如前文所述，从20世纪50年代起，随着时代的变迁、社会的发展，面对居住地人文环境发生的巨大变化，胡家芝对自己热爱的喜花剪纸创作开始了持久的探索和大胆的创新。由此，她不仅改变了自

图3-1：祖国万岁（1959）

己作品原有的面貌，更是将江南民间剪纸艺术的历史翻开了新的一页，竖立起了一个新的高峰。

1. 立足时代，标新立异，胡家芝把民间喜花作为现实生活的最美赞歌

胡家芝创作的喜花与传统意义上的喜花不同，首先她从选题上着眼于现实生活，体现出了强烈的时代气息，通过精心的设计和深入的刻画，表现出了特定的思想内容。许多喜气洋洋的喜花作品，成了人们现实生活中对新时代欢快的喜庆和歌唱。早在1959年，为庆祝中华人民共和国诞生十周年，她创作的题名为《祖国万岁》喜花新作品，从作品的立意、内容到喜花的式样和精巧的技艺，都在民间剪纸领域产生了让人耳目一新的效果。（图3-1）与当时我国许多著名画家为庆祝建国十周年创作的美术作品相比，完全并驾齐驱，可以相映媲美。他们只是以不同的艺术形式、不同的手法，表现了同样的内容和同一的主题思想，而且都同样地取得了极其出色的艺术成果。

《祖国万岁》这幅呈圆形的崭新喜花没有采用一般传统喜庆的

喜花剪纸式样，而是凭借中华人民共和国庄严的国徽和万年青图案，作为刻画作品主题的象征和寓意。整幅喜花选取各种农作物为主要题材，将稻穗、麦穗、棉花等通过红色绸带联结一起，在加强装饰气氛的同时，并镂剪上相关的标志文字，以示十年大庆，庆贺祖国年年获得大丰收。喜花的周框以十二个月的鲜果图案与寿字连成一圈边饰花纹，各种果实被设计在两个寿字相对而产生的图形中，黑白相间，疏密有致。在国徽图案的两旁，还安置了双双对称的“喜鹊登梅”加以点缀，使喜花的形象特征更增添了欢快而喜庆的节日气氛。作者运用熟练而高超的剪纸艺术语言，精心制作，使作品呈现出了生意盎然、精彩美妙的画面。这幅作品以新的题材、新的内容和新的面貌，壮丽而热烈的效果，一举成功地成为了我国新时代剪纸美术作品中的一朵奇葩。

今天，人们在缅怀已故的作者时，面对六十多年前的这幅喜花剪纸“新”作，依然能感受到胡家芝创作思想的犀利，以及她心中深怀的对祖国、对新时代的真情厚意。作品不落窠臼，大气凛然，无疑实现了她对新中国成立十年来取得伟大成果的赞美和歌颂。这是民间剪纸艺术家胡家芝较早的喜花创新作品，也是她创作的现代新喜花中的一幅极具代表性的作品，毫无疑问，它完全是在传统喜花基础上创新产生的最富有新时代特征的一个艺术典范。

图3-2：普天同庆（1997）

生活在新的时代里，胡家芝老人与时俱进，她始终把新的节庆活动、国家的重大喜庆事件和社会的不断发展变化，作为喜花剪纸创作的重要题材和内容。如1997年，在举国上下迎接香港回归祖国怀抱的重大日子里，时值百岁的世纪老人胡家芝，没有忘记用喜花来表达自己对这样一件具有民族历史意义的大事的祝贺，她以全神贯注的精神以及与全国人民一样的无比热忱，创作了一幅喜花新作《普天同庆》。（图3-2）作品以独特的构图，把标志祖国的五星红旗和刻有紫荆花图案的香港区旗自然地连为一体，悬挂在剪纸画面的中间部分，以醒目的大片红色突出了"回归统一"这样一个中心内容。作品以四方形为外边，内边呈八方式，在四个角位挂着灯笼，灯笼上面分别剪刻有"普"、"天"、"同"、"庆"四个字。边框除底边有"1997.7.1"的回归日期外，左、右和上面的三条边镂剪有绽开的迎春花与飞翔的和平鸽，在框内是阳线剪成的姿态各异的牡丹花、月季花、紫荆花和桃花。整幅作品寓意祖国大地春色满园，四面八方吉祥和美好；象征着祖国处处繁荣昌盛和香港地区的生机盎然。边角下还剪有"日月同辉"的太阳、月亮和在花丛中展翅欢唱的喜鹊，使作品增添了格外欢快的气氛。综观喜花各方面组合构成的画面，作品呈现出一种过去喜花不曾有过的、独具一格、标新立异的形式感。作品中心突出，花纹紧凑，气息浓郁，在给人们带来欢庆喜悦的同时，

图3-3: 工农联盟·龙凤呈祥 (1958)

又蕴含着一种前程似锦的祝愿和理想。如此完美的剪纸喜花设计，加上百岁寿星高超的剪纸技巧，不能不是一幅当代剪纸艺术的杰作，展现了胡家芝喜花高度的艺术水平和思想境界。

图3-4: 为祖国建四化 (1983)

胡家芝老人创作的新喜花，早期有赞颂工农业大发展的《工农联盟·龙凤呈祥》、有表达全国人民热爱共产党的《百花齐放向太阳》等。（图3-3）80年代后，有高歌改革开放、祈愿早日实现四个现代化的《万象更新》和《为祖国建四化》等。（图3-4）

图3-5: 喜迎北京奥运会 (2008)

为了迎接1999年10月1日国庆五十周年的重大庆祝活动，已年过百岁的老寿星，还再一次精心设计、挥舞金剪创作了一幅主题为《国富民强》的喜花，同年又为庆贺国际老年人节剪了《松鹤延年》，还为庆祝澳门回归剪了《喜迎回归》等。进入了21世纪，110岁高龄的胡家芝寿星，一如既往，创新不止，如《庆祝建军80周年》、《喜迎北京奥运会》等崭新的喜花作品，都成为当今时期最优秀的剪纸艺术典范。（图3-5）据不完全统计，这类极具代表性的喜花创作竟有上百件之多，它们形式多样、内容涉及各个方面，且均是体现主流文化的重大题材，数当今美术大家，也很难有人能够有这么多成果。这一件件作品无不将江南民间剪纸喜花推进到了新时代的制高点。胡家芝将传统的民间剪纸赋予了最新的艺术生命和鲜亮的表现力，体现了当代人民大众喜闻乐见的审美要求，从而使现代喜花剪纸登上了剪纸艺术的历史高峰。

总而言之，今天我们不难看到，胡家芝老人许许多多崭新的喜花作品，都充满着时代的精神内涵和深刻的现实意义，它们以民间剪纸强烈的喜庆色彩表现了老人家鲜明的艺术风格和特色。这类喜花，不仅充分地反映了作者的真挚情感的艺术追求，而且将民间剪纸艺术的社会功能和艺术价值提高到了一个更高更宽广的领域。

2. 兼收并蓄，推陈出新，胡家芝让民间喜花绽放出了崭新的奇光异彩

随着社会的变革、人类文明的进步和人们的生活水平、思想认识的提高，作为民间艺术的剪纸需要继往开来，历久弥新地反映新的时代精神。但旧时的传统喜花总是伴随着民间节庆礼俗来制作，故而在题材、内容、形式上也有着许许多多珍贵的遗产被流传下来，这同样需要人们去继承并努力发扬好我国民间剪纸艺术中的一切优秀传统。胡家芝老人则以毕生的精力，除了以上论述和分析的那样一方面不断地将民间传统喜花立足于时代，以现实生活为源流，直接去表现新时代重大事

图3-6：百寿图（1995）

件和节日活动等喜庆的内容；另一方面，她却坚定不移地从我国民族艺术和民族精神领域里更广泛地吸取丰富的营养，借鉴传统艺术的各种表现样式，提取民族传统精华，体现民族传统文化内涵，在不断的推陈出新中，将之融入新时代的剪纸喜花中，从而使作品取得了更加丰富完美的形式特征和艺术魅力，更深刻地去凸显出民间剪纸喜花艺术的深厚的文化底蕴。

这里，我们可以通过胡家芝老人常常采用"方"与"圆"的形式构图所作理性意味设计的喜花作品来作一些分析和探讨。首先，作者在诸多作品中，根据不同题材和内容的要求，总是喜欢以"方"、"圆"的图形为画面的形式特征，去作出不同的变化和相应的构成处理，并在这"方"与"圆"中产生作品特定的艺术效果。同时，除了"方"和"圆"的形式外，作者还将其对传统文化的认识，对这一形式寓意中所涵容的文化性作出极其深刻的表达，从而使这些喜花成为与作品主题思想相得益彰的有意味的形式或式样。如最受群众与专家们欢迎和称赞的老人百岁寿庆时为自己创作的《百寿图》喜花，（图3-6）是她着意地采用了这种"圆"与"方"的图形组合，深刻地表达了她在漫长人生道路上"自己为人"的准则和长期坚持的信念。胡家芝老人时常对家人说："做人一定要懂得'外圆内方'的道理，学会待人宽容，有爱心，要注意多关心别人；对自己要坚强不息，有信心，通过努力去取得成功……”在这里，老人将我国传统文化中方与圆、刚与柔，即所谓“智欲其圆道，行欲其方正”的哲理和精神，通过喜花剪纸而进行传播、宣扬，并在她的许多作品中运用不同的手法，以淋漓尽致的各种画面，认真地表达出了一位艺术家对中国儒学人格修养的追求，从而使她的作品获得了传统人文理想的升华。

《丹凤朝阳》（图3-7）这幅作品是为祝贺在北京召开的“联合国第四次世界妇女大会”而设计的，画面中刻画的种种物象，反映了“妇女”、“平等”、“发展”、“和平”的主题思想。这里同样是一方一圆，但构成形式并不相同，圆与方相互对生的形式充分地显扬出了人类女性的美好世界，隐喻着女性的阴柔之美和她们对人类的美好希望与女性自身的灿烂。方则“阳刚自然”，圆则“万物和谐”，老人以中国传统广泛而深邃的人文思想与精到确切的寓意统一起来，充分地以方与圆的对应构成完美的形式，使新型的喜花作品再一次彰显出了崭新的审美效果，也使自己的喜花剪纸艺术更加独特地展现在新时代民间艺术的舞台上。

图3-7：丹凤朝阳（1995）

图3-8：健康长寿（2000）

方与圆似乎成了胡家芝晚年创作中信手拈来的别具一格的形式语汇，如她在为庆祝回归应邀参加南京“静海寺撞钟”仪式后所创作的《警世钟》，以及为祝福友人的《健康长寿》、《健康幸福》等一系列新作，皆以外圆和内方的构图，体现圆方互容、儒道互补、赞美中国传统文化的主体精神。(图3-8~图3-9)

图3-9：警世钟（1997）

“方”和“圆”早在我国古代就已经常出现在工艺美术各类装饰中，在铜镜、漆器、玉器等各种器物的纹样中，更多以抽象的图形成为了我国传统民族图案中的一种典型样式；在所谓“天圆地方”、“外圆内方”等寓意中，成为古代“天人合一”的思想标志。犹如西方艺术形式美的“黄金比”一样，“方”和“圆”几乎成为了我国传统艺术形式美的一种意匠法则。从“方”和“圆”的内容与形式中孕育产生的广泛含义，深刻地揭示了中华民族的传统精神文明。由此，我们不难感受到胡家芝老人在创作新时代喜花时，她是如何去认识和理解传统思想、文化、艺术的精粹，并将它们赋予新的时代意味，使我国民间的优秀传统艺术放射出了更加耀眼的灿烂光辉。

二、胡家芝的喜花作品，生机盎然，充分地展示了向往美好的精神世界

众所周知，艺术来源于生活。生活对于每一位艺术家、对于任何艺术都特别重要，而为满足人民大众喜闻乐见的民间剪纸艺术，尤其需要充满朝气蓬勃的生活内容，创作者必须充分了解人民大众对未来生活的期望和追求。旧时，我国民间喜花总是直接与民风习俗结合在一起，因此，艺人们的创作都离不开而且也无法离开他们身边的日常生活和身处其间的生活环境。但是，任何艺术对生活的态度，不只是需要现实的一面，更应该有着积极向上的理想化的一面，所以，民间艺术家常常在了解人们心情愉悦、欢乐庆贺生活的同时，总是努力去寻求和发现生活美好的真谛，并自觉地行走在自己崇尚的艺术“天堂”里，不断地去抒写与实现生活的理想和生活的信念。

今天，从胡家芝老人历时百年的剪纸艺术生涯中，从她走过的每一个生活阶段所创作的作品中，我们都会看到她这种坚定的理想和信念。她的许许多多喜花作品始终与日常生活融合在一起，充分地反映出了一种积极向上的生活态度和美好的生活愿望。胡家芝老人奇迹般地经历了长达一个多世纪的三个迥然不同的时期，但她在作品中，却都给我们留下了不同时期现实生活中许多无限生动美好的印记，都给人们带来了美好无比的生活憧憬和积极向上的进取精神。

图3-10：美满民间（1983）

20世纪80年代胡家芝创作的《美满民间》（图3-10）就是一幅最具典型性的代表作品，至今仍然广泛地受到人们的高度赞赏。这幅作品中四季盛开的月季花，花荣叶茂，多姿多彩，构图疏密有致，形象栩栩如生，展现在你面前的是一番生机蓬勃、精神饱满、奔放娇艳的美好景象，充分地体现了老人对美好民间生活的永恒赞美。《美满民间》主题鲜明，形式完美，亲切动人。作者以平凡的艺术语言和自己的真情实感，使人们感受到了人间生活充满着无限生趣和无比活力的一种精神世界，毫无疑义，这幅剪纸不仅是艺术家对自然界生命的形象描绘，更是对新时代新生活的一曲赞歌。同时，更反映老人家长期以来积淀的所谓“随遇而安”的民族传统心理，以质朴的形象语言，深刻地折射出了我国广大民众永远光彩丽华、蒸蒸日上的人生向往。

在胡家芝老人的剪刀下，原本似乎显得陈旧了的传统喜花却表现出了众多不同的欢乐景象，不能不说这是一位民间艺术家心灵的虔诚与造化。剪纸艺术家胡家芝以饱满的创作热情，在不停的对美好事物和未来的向往和追求中，无限真诚地反映了人间的真善美。

1. 爱，孕育了美好，胡家芝喜花让很多人感受到了爱与美的激励和鼓舞

当我们浏览老人各个时期的喜花作品时，最深有感触和最感动的几乎都是她在作品中百般倾注的"爱"，是以"爱"为主题的各种喜花。正是作者的种种爱心，才赋予了喜花作品丰富多样的美好的希望和情意。老人将旧时民俗庆贺礼仪的喜花加以升华，让它们以新的面貌巧妙地走进了新时代大众的生活领域，通过她真情的爱心陶冶了大众爱美的心灵。于是，她的喜花成为人们生活中最喜欢的一种艺术品，每当有机会得到老人的喜花，人们都能强烈地感受到一份关爱，因而倍加珍惜。

"有爱才有美"，这是一位民艺工作者对胡家芝喜花剪纸的赞美，这位笔者撰文说，"一百年来她用手中的红纸和剪刀传承着民间剪纸艺术，把爱和美撒在江南人民的生活中"；"胡家芝的剪纸之所以美，是因为她心中有对国家和生活的爱"。的确是这样，正是因为老人心里充满着爱，才使剪纸成为了传播爱的使者。我们可以从《葵花向太阳》、《花景满堂》、《国富民强》、《故乡长青》等一系列主题鲜明的喜花作品中（图3-11~图3-12）感受到胡家芝老人这种对党、对国家、对大众、对家乡、对自然、对花木

图3-11：葵花向太阳

图3-12：花景满堂（1963）

的爱。由于这些剪纸都是出自她无处不在的拳拳之心，所以在她的作品中处处充满着勃勃生机和美好的景象。同时，更让人们从这些喜花中感受到一种生活的欢快与精神的振奋。这些使我们再一次清晰地看到，是胡家芝剪纸艺术的智慧和才能、是她的真情博爱才使喜花获得了新的生命力和巨大成功。

2. 快乐、健康、美满乐天下，胡家芝喜花传达了一种乐观进取的生活价值观

胡家芝的剪纸常采用富有强烈传统色彩的福、禄、寿、喜等作为喜花作品的主题思想，无论是亲友、家人、邻里或素不相识的剪纸爱好者，她都很乐意为他们剪喜花，对他们表示祝福或庆贺，以表达自己的一份祝愿和鼓励。这些作品在渗透着作者满怀爱心的同时，总是以快乐、健康、进取等内容，让人意气风发、生机盎然。

图3-13：同心同庆·健康长寿（2000）

2000年，人类共同迈入21世纪时，已年过百岁的世纪老人胡家芝特意精心设计剪了一幅《同心同庆·健康长寿》喜花作品。（图3-13）喜花花边由十二只江南水产“菱角”连接构成圆形，

图3-14：鹏程万里·十岁生日快乐（1999）

圆中一棵茂盛的梅树，枝繁花密，两半对称式，树上喜鹊鸣叫，树下兰花簇拥，梅、兰之间嵌“同心”、“同庆”两祝语；中央红色的斗方内以“健康长寿”四个篆体文字为中心，正中还有一个五瓣形的小花，花蕊为一个小型的古钱。整幅画面疏密有致、喜气洋洋，催人奋进。元旦之夜，老人将喜花一一送到五个子女的手中，并说道：“在新世纪祝你们都全家健康快乐，幸福长寿；家家生活过得月月圆满，称心如意。”

图3-15：祝您健康（1961）

胡家芝众多的喜花作品往往与生活的关联最直接、最贴近，也是作者以最平常之心给人们最真诚的祝愿和鼓舞。除了创作结婚贺喜的喜花外，平日里小孩过生日，老人会剪作《鹏程万里》主题的喜花表示庆贺。（图3-14）乡亲邻里们做寿，她剪作《鹤寿图》、《健康长寿》等示意祝颂。家人中有一位早年的同学生了病，她知道后也主动剪上精致的喜花《祝您健康》让人送去，寄语对方悉心调养，以情养性，更加健康美丽，事业有成。这些喜花都寄寓着胡家芝发自肺腑的灼热情感，它们以精美的艺术形式和深邃的含义，成为人见人爱的珍贵礼品。（图3-15）

经常有人让这位世纪人瑞介绍长寿的经验，可是她却说自己并没有执意地要去进行什么样的保健，而是同大家一样过着平常的普普通通的生活。但她的子女们会说，老人常常教导他们和小辈心胸要开阔，“量大福大”，身体才能健康；大家多互相关心，就一定能增福、增寿。在老人的宝剪下，一幅幅喜花，予取予求，总会给人多一分祝福、多一分希望、多一分鼓励。所以有人赞誉胡家芝老人的剪纸喜花是“真情之花、友善之花”，是人民大众生活里青春永驻的艺术之花。

三、胡家芝的剪纸艺术如意吉祥，是发扬我国民间民族文化优秀传统的宝典

我国自古以来崇尚信仰、讲究礼仪，如意吉祥则是古人用来作为祝颂祥和、瑞气，表示称心美满的经典传统文化之一。“吉祥”亦作“吉羊”，《积古斋钟鼎彝器款识》卷十曰：“汉元嘉刀铭”：“宜侯王，大吉羊。”“吉祥”作为一个汉语词语，它最早出现于《庄子·人间世》：“虚室生白，吉祥止止。”唐人成玄英疏：“吉者，福善之事；祥者，嘉庆之征。”然而，除词语外，中国民间传统文化在几千年的历史长河中，更早就以圆方、阴阳、向背等各种或简或繁、质朴古拙、隽永明丽的物象和图形，约定俗成地构成了一个庞大的图案体系，其内涵深厚，形式众多，应用广泛。吉祥寓意的图案在我国民间剪纸中同样是最突出的表现形式之一，也是我国民间民族文化优秀传统的重要组成部分。

图3-16：如意吉祥（2001）

图3-17：万事如意（1959）

胡家芝老人从小知书识礼，才学有养，对我国古代民间传统文化的各个方面耳熟能详、融会贯通。无论是民谚典故、吉祥图案以至各式民族图形和图像，她在剪纸创作中皆能深刻理解、得心应手、运用得体。（图3-16～图3-17）而且积累了许多极其宝贵的经验，通过自己与众不同的创作理念和美术式样，使剪纸作品获得了充满美好喜庆、突出吉祥如意的思想内容，丰富地体现出了我国民族优秀传统文化的鲜明特色，发扬了我们民间艺术传统文化特有的精神价值和审美价值。（参见图版）

图3-18：花好月圆·人寿年丰（2004）

1. 胡家芝的喜花设计精致，构成巧妙，寓意精深，内涵丰富

胡家芝剪纸评论集编辑委员会在《百岁剪纸艺术家——胡家芝剪纸评论集》中，曾以附图的形式介绍过胡家芝喜花剪纸《花好月圆·人寿年丰》的具体创作过程。从中我们可以看到，胡家芝老人特别注重设计和构思，她认为首先要有一幅符合自己立意的、完整而详备的画稿。从她留传下来的资料中我们不难发现，几乎是在创作每一幅剪纸之前，她着意反复推敲的首先是符合内容需要的各种题材，是不同题材构成的寓意和形式设计。（图3-18~24）

《花好月圆·人寿年丰》即是这样设计创作出来的一幅寓意精深、精细别致的优秀佳作。2006年的元宵节，家乡浙江省桐庐县将举办“神州风韵”中国民间艺术之乡剪纸艺术展览及剪纸邀请赛。老人应邀参展，高兴万分，一方面她深感国家重视振兴民间艺术的英明政策措施，自己应该为民间剪纸事业多做贡献；另一方面，家乡被命名为“剪纸之乡”，浓郁的乡情思念更加唤起了她的创作热情。于是她冥思苦想，反复琢磨，最终决定抓住新春、元宵这一传统节日的喜庆性主题，取皓月当空、遍地百花兴荣、丰年昌盛、福寿齐天的景象，来比喻民艺事业的发展，寓意幸福生活的天长日久，深刻地表达自己

图3-19：胡家芝在设计

图3-20：已完成设计稿

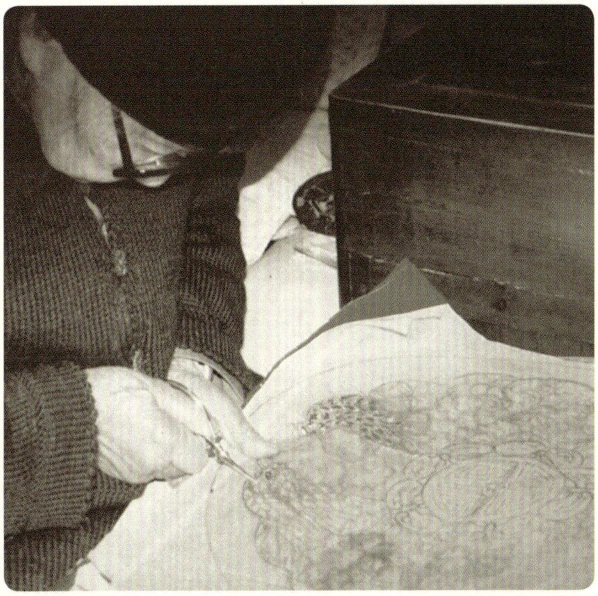
图3-21：装订后开剪

图3-22：边剪边改

图3-23：已完成剪纸作品

图3-24：花好月圆·人寿年丰（局部）

图3-25：和合幸福·万年如意（1986）

图3-26：四季和平·万象新（1983）

对家乡的特殊感情和新春佳节的欢快和喜悦。画面中特意设计了圆月白兔和四季盛开的花丛，象征丰收的稻麦棉花，中心是蝙蝠寿字，在一一作出对应安排和精巧布局中，加强图形的和谐与统一，在突出了图案形象的寓意性和物象组合的意味性的同时，给这幅作品带来了喜气、吉庆、祥和的气氛与赏心悦目的审美性，以新颖完美的形式取得了喜花艺术推陈出新的杰出效果，作品因此荣获了这次大会颁发的“特殊贡献奖”。

不论要剪什么喜花，胡家芝老人都会根据作品的内容和要求，去选取最确切并赋有寓意的题材。她能把各种花木、蔬果、走兽、飞禽、草虫和游鱼等在历史长河中积淀的人文象征与作品的内容巧妙地融合起来，让人们根据这些形象产生丰富而广泛的联想，实现别开生面的创作效果。

这对于一个艺术家来说，作品是否能继承我国民间艺术的优秀文化并推陈出新，总是取决于他的艺术才华和技艺水平。因此，胡家芝在进行喜花创作时，几乎对设计和构思到了一丝不苟的地步。作品的画面从整体到局部，从外框到内蕊，从边饰的变化到各部位的分布，处处被统一归合到了喜花寓意吉祥的语境设计中。或“百年好合”、“鸳鸯戏水”、“四合如意”，或“羊年大吉·硕果累累”、“天地花锦·万象更新”……都以特别丰富、贴切、意味深长的

图3-27：羊年大吉·硕果累累（2003）

寓意图案构成出一幅幅喜气洋洋的喜花作品，成为新一代新喜花剪纸创作的杰出代表。（图3-25~图3-28）

美满、幸福、吉祥、如意等这些民间喜花剪纸永恒的主题，经过胡家芝老人取材的变化与寓意的叠加以及精巧的设计和组合，其内容更深刻、完美，形式更是新颖、独特。人们在这样的丰富而恰到好处的变化中，进一步感受到了我国民间剪纸艺术的意味深长，民族民间传统文化的博大精深。

2. 胡家芝的喜花作品造型生动，纹样精美，技艺精湛、质朴隽秀

图3-28：鸳鸯戏水（1994）

剪纸是民间美术，归属于视觉艺术门类。图形物象的造型、种种不同的图案花纹均是剪纸创作的重要艺术语言，因此，它们对作品能否取得成功以及艺术性的高低往往有着直接的影响。一个民间剪纸艺术家，其作品是否具有独特的艺术特色和风格、是否达到一定的艺术水准和成就，都取决于他们在这方面的功底和造诣。

胡家芝以喜花方面的贡献，成为近一个多世纪来我国剪纸

图3-29：好花盛开（1995）

艺术史上的一位大家，是江南民间剪纸的杰出代表人物。她能登上这一艺术高峰的另一个重要因素是其在图形、图案、纹样的造型上，具有一般剪纸艺人难以企及的艺术高度，其精湛的技艺已达到了炉火纯青的地步。本书以花鸟为例作些探析。基于胡家芝特殊的艺术生涯和所处的丰富的人文环境，她从小就有着常人不及的绘画才能。在她的喜花中，一年四季的花卉果实，她都能信手拈来，剪得栩栩如生，有趣动人。在她的“金剪”巧手下，盛开的月季生动而丰艳，多姿的牡丹富丽而华美，梅兰竹菊、桂花、迎春花、葵花、荷花、百合花、绣球花、桃花、水仙花、石榴花等，无一不特征鲜明，生机盎然，多姿多彩。（图3-29～图3-35）除花卉之外，各种果实如梨子、桃子、杏子、莲藕、菱角、荸荠、柿子、葡萄等也都形象生动逼真，造型自然真实。（图3-36～图3-41）在胡家芝的不同作品中，有被构成单独图案式样的，也有把它们组合起来成为各式各样连缀图案的，这些都呈现出了胡家芝剪纸喜花特定的形式效果，及其相对应的丰富多样的吉祥寓意，成为深受广大群众喜闻乐见的新喜花。

图3-30～图3-35：花草剪纸（局部）

图3-36～图3-41：果实剪纸（局部）

同时，无论是一草一木还是一枝一叶，都表现得惟妙惟肖，精美隽永。胡家芝老人在剪纸的造型设计过程中，手法灵活巧妙，变化多样。例如运用红白对比，阴阳互补，虚实相生，使物象形态的构成自然而不乏夸张，变形而不失象征。对事物特征的刻画和细节的交代，都能结构精准而又概括，从而使作品始终以喜花特有的丰富饱满的形式语言，去传达出完善深刻的寓意和内容。（参见图版）

民间喜花要随着时代发展满足大众的审美需求，更加离不开造型及式样的变化创新，因为它们可以反映作者自己的艺术特点和个性。胡家芝老人恰恰在这里又给我们展示出了她的特长，她的剪纸富有传统中国工笔花鸟画的造型基础，能在抓住物象形神的同时将之转换成图案造型的形象特征，使人们感受到其剪纸所独具的浑厚质朴的艺术之美，而没有一般剪纸作品的单薄感。这种源自传统绘画而与图案构成相融合的造型语言，使胡家芝的作品成功地获得了动人的艺术特征和丰满的形式特点。正是在这样富有自己艺术语言的剪纸作品中，胡家芝她那质朴隽秀的艺术风格

图3-42：鸳鸯荷花（1982）

才显得格外醒目。由于其剪纸能够在传统中呈现时尚，在精湛的图案纹样里透出清新的诗情画意，所以许多专家都评述胡老的剪纸有独到的文人气息，这应该就是老艺术家在长达百年剪纸生涯中，自身育养文人内涵的一种审美的外化，也使得她的作品能够在民间艺术领域独领风骚，取得了独特的地位。

图3-43：三八祝愿（1981）

胡家芝喜花剪纸的另一个特点是设计不同的边饰图案或文字图形，以形成更丰富多样更鲜明的个性语汇，这也是她早在构思阶段就已确定的一种独到的表现手法。所以，胡家芝许多作品的画面效果显得格外强烈，作品的面貌更加与众不同。如作品《鸳鸯荷花》，她取两两相对的八尾长鱼连接构成一个椭圆形的外边饰，不仅为作品增添了丰富的环境气氛，而且使其寓意更加广宽。（图3-42）在《三八祝愿》这幅作品中，胡家芝又用八只美丽的蝴蝶组成一圈正八角形的花边，所有蝴蝶在朝向中间三枝回旋的红叶花枝的时候，其所栖息的花朵品种彼此均不相同。整幅画面显得寓意精深，式样新颖活泼，加上她精巧的剪技，更使作品风格鲜明，优美动人。（图3-43）

还有在作品《四合如意》中，采用四个如意纹合成菱形边饰，四边对称，并以凤凰、牡丹、双鱼、戟磬、柿子、如意、蝙蝠、桃子、双钱等构成“凤戏牡丹”、“吉庆如意”、“事事如意”、“福寿双全”等一组组相互呼应的寓意图案，中间的一个圆中囍字更是组成了一幅双喜团圆的最美喜花，使作品在玲珑剔透中更是多了几分端庄和大气，是一幅人见人爱、特别令人赞叹的喜花佳作。（图3-44）

对各种喜花框边饰的设计，胡家芝老人可称得上是匠心独运，自成一格。宽带式、折边式、连圆式、接弧式、联方式等，在花草、瓜果、如意、蝙蝠等组合中均有着无穷的变化，均与整幅画面相辅相成，浑然一体。

综上所述，在胡家芝的喜花剪纸中，对传统寓意吉祥的表现，不是单一的吉祥图形符号，而是突破了一般概念化的程式束缚，将吉祥图案通过生动的造型语汇、精美的纹样设计，以及构图变化等来提高喜花新作的艺术观赏价值；作品在充分反映作者的艺术思想、表达作者美好愿望的同时，将江南剪纸喜花推进到了一个新的历史时期。

图3-44：四合如意（1961）

胡家芝剪纸作品底稿

第四章

对胡家芝剪纸艺术的研究与评述

在胡家芝的百年剪纸艺术生涯中，从20世纪五六十年代开始，她的作品就受到社会各界的喜爱，并引起了专家学者们的重视。1956年，南京艺术学院院长、我国著名的工笔花鸟画家和工艺美术教育家陈之佛教授看到胡家芝剪纸《中苏友好·和平万岁》后，就曾将作品推荐到江苏省的文艺刊物《雨花》杂志上登载发表，并以《胡家芝剪纸艺术》为题撰文介绍，评价其“作品浑厚、朴实、健康，深为人民所喜爱”。在以后长达半个多世纪里，随着胡家芝的事业、成就、荣誉的不断提升，来自全国各方面的报道、评述和研究也就成为反映与总结胡家芝艺术创作、艺术作品、艺术思想和艺术人生等不可或缺的资料。通过这些文字，我们将会对这样一位世纪人瑞、全国杰出的民间剪纸艺术家获得更多的深刻了解。这里我们择选了其中一小部分的评论和研究文章以及有关方面的报道等内容作为代表。

巧心巧手巧安排——谈胡家芝的剪纸艺术

巧的构思，巧的安排，巧的剪技，是老人胡家芝剪纸的最大特色。先说巧的构思。不论剪什么，胡家芝老人总是先结合用途的要求仔细考虑题材、决定内容的。作画要求“意在笔先”，剪纸也一样。剪纸是一种民间工艺品，讲求“适用”。用途不明，“意”不先立，艺术的形式也就无从产生。胡家芝老人很理解这条剪纸艺术创作的规律，表现在她的作品里，内容的组织和用途的结合，总是那么恰如其分，巧于组合。她剪的很多“喜花”作品就是这样。再说巧安排。根据酝酿成熟的内容，老人总是寻求最恰当的艺术形式来表现它，使作品的内容和形式达到适度的统一。如《龙凤呈祥》喜花剪纸，老人运用传统的表现形式，很确切地表达了新的意境和新的感情。构图巧、形式美、内容新，三者融洽一致。不论哪一种艺术的内容，一定有它相适应的特定形式，这样的艺术作品才是完善的，和谐的，协调的，才能起到应有的感染人和教育人的作用。胡家芝老人在她的剪纸作品中装饰性和用途的适应性表现得特别强烈。剪纸就是剪纸，决不以剪纸来套漫画或国画的形式。她的很多作品艺术形式的构成总是巧妙地和内容取得了有机的统一，形象生动，构图完整。胡家芝老人在剪技上，能按照构图的不同要求，灵活地运用多种方法，而不局限于一格。有用平剪的，也有用折剪的（将纸对折、四折、六折……），有些折剪一部分后再对角或四角分开剪。剪出的作品：不对称中有对称，平衡中又显得不平衡，千变万化，多种多样。勾的草图寥寥几笔，只起了些符号物作用，但经过她的修饰、取舍、概括、提炼，就能剪出美妙的作品。

胡家芝剪纸的另一个特点：题材广泛、形式多样。人物、花卉、鸟兽、瓜果、风景等，无所不有，无所不剪。品种方面，有大件的喜花，也有小品的鞋花，有单个的团花，也有成套的礼花。值得提出的是，老人在推陈出新方面，近几年来卓有成绩，《百花齐放向太阳》喜花剪纸，(图4-1)就是老人近年的新作。作者以向日葵花的外廓，中间安排着四季的名花，以向日葵向阳的比喻向着党，在阳光的抚育下，群花盛开，越开越艳。作者很巧妙地运用了民间传统的寓意手法，表达了对党的热情的歌颂。这件作品构图简洁，主题鲜明，涵义丰富。老人剪得最多、最好的是喜花，在喜花的艺术处理上有着独到的手法，涵义巧妙、构图丰满、情趣洋溢、耐人细赏。如《鸳鸯戏荷福寿》，中间一个大双喜字，下边一对鸳鸯在荷塘游嬉，亲密和谐的情景十分逗人喜爱，旁边衬有和合如意、桂（贵）圆、万年青、并蒂莲，四周以双钱（全）作花框。经过这样的艺术处理，作品的内容涵义更丰富、更富有联想、更具有光彩。作为婚礼喜庆用的喜花，真是十分相宜。

（原载：1962年7月《解放日报》，

作者：吴山 南京艺术学院教授）

图4-1：百花齐放向太阳（1961）

巧夺天工——略论胡家芝的剪纸艺术

剪纸属装饰艺术。胡家芝老人是这门艺术的一名当代能手。胡老太太出身于书香门第，自幼深受艺术的熏陶，因而具有浓厚的艺术修养，其作品巧夺天工，用装饰的艺术语言诉说着美好的祝愿，吐露着中华民族艺术之花的芳香，它是一枝永不凋谢的艺术之花，将永远吐露着芬芳。

胡老剪纸艺术最大的特点是抽象与移情兼而有之，相互交融。作品表现为构思深邃，造型简洁朴实，构图精巧，色彩单纯但却热烈。寓意为其表达主题的主要方式；美好祝愿则是主题表达的核心内容。如《广电双喜临门》、《四合如意》、《富贵幸福》、《百年和合》、《齐眉百龄》等比比皆是。（图4-2）表现手法常用比喻、象征和谐音双关。比喻如鸳鸯（夫妻），梅、兰、竹、菊（四君子），象征如牡丹（富贵）、松（长青不老）等，谐音双关如蝙蝠（福）、梅（眉）、柏（百）、柿（事、四）、双钱（双全）、万年青（万年）、大象（万象）等。寓情于物，物中见人，满足一种深层的心理需要。造型受着“简化律”的支配，不追求对现实物的酷似，不追求“精密性”、“全面性”，删除从属的次要部分，突出主要部分的特征，并赋予作者的感情。这种不是“栩栩如生”的追求，使得形象比“生”更生动。因为艺术的本质就在于它是理念及理念物质显现的统一。形象都作平面处理，回避了对三维物体、对有深度感物体的表现。这就是西方美学家沃林格所说的“抽象冲动”。

在构图上，胡老的双喜喜花有着显著的特色。艺术品只有它传达的内容才能最终决定它究竟该选择什么样的式样去组织构成。双喜喜花多用于婚礼，因而多采取了对称的形式。隐形的中轴

图4-2：广电双喜临门（1990）

线常将图形一分为二，但却又合二为一，这正是希望夫妻恩爱、亲密无间、永不分离的愿望所决定的。构图采取平视体；形象互不压叠，无论是海里是陆上是空中的形象，统统安排在同一平面上。边框形式多变；有圆、方、六边形、自然形（梅花、桃花、鱼、蝙蝠、鸽、孔雀翎）等。“花中套花”的形式不仅出现在边框上，也出现在喜字的“口”字中。如“口”字内填有琴棋书画、梅花、“百年好合”文字等，构图形式十分丰富多样，富有创造性。

在色彩上多采取红纸剪制，色单纯，但却喜气洋洋。

至于剪技，细微之处也由剪刀剪出，真可谓巧夺天工了。

总之，胡老的艺术永放光芒，她永远是我尊敬的老师，我要永远向她学习。

（原载：1995年2月12日《南京日报》，

作者：余乐孝　南京师范大学美术学院教授）

胡家芝剪纸艺术的继承和创新

任何艺术都是随着时代的发展而发展的，古老的中国民间剪纸艺术也不例外，胡家芝百年的剪纸实践，跟随时代，走出了一条创新之路。她的艺术植根于深厚的传统之中，她继承了传统剪纸中优秀的民族文化内涵和喜闻乐见的民族形式，使之适应于现代人的观念和生活，创造了一种“新喜花”，为人们所喜爱，显示出强大的生命力。

胡家芝剪纸艺术的创新，首先在篇幅大小上有所突破，西北的窗花、江南的喜花都不大，南京的喜花一般直径在10公分左右，而胡家芝老人的喜花扩大到直径40公分左右，《百寿图》直径已达58公分，这是她最大的一幅剪纸。篇幅的扩大，也带来了创作过程的改变。她构思一幅新作品，从小稿到大稿，反复推敲，然后定稿。先用线把铅笔稿与红纸缝合，然后再剪，有时边剪边修改直到完成。制作一件作品，少则一两天，多达几个星期或几个月，新的喜花剪纸，既是祝愿，又是装饰，适应了现代社会的需要，装入镜框，可长期欣赏，长期保存。

第二，突破了单一的内容，赋予更多的含义。她常常运用多种吉祥语言，通过谐音、寓意、象征等表现手法，使作品既主题突出，又内涵丰富。例如喜花《四合如意》，把喜字放在中间，鲜明夺目，四周用四个如意纹样组成，寓意“万事如意”，如意纹样内又设计了四组吉祥图案，“双凤牡丹”、“双鱼吉庆”、“福寿双全”、“事事如意”适合其中，增添了欣赏的丰富性，构思精巧，形式优美，是一幅难得的喜花佳作。

第三，她的剪纸跟随时代，与时俱进，反映出时代的脉搏。1983年，她创作了一幅《为祖国建四化》送给她的二儿子。当时正是粉碎“四人帮”以后，反映出人们欣喜的心情。万象更新，四化似锦（用四朵花谐音“四化”），这幅剪纸寄托了母亲对儿子的殷切希望——期望儿子在新时期为“四化”建设做出贡献。四周为宽边，显得格外厚实，方圆结

合，含有哲理，是一幅反映时代、寄以深情的新喜花。(图4-3)

第四，剪纸能不能反映重大的现实题材？胡家芝老人在新世纪前后所创作的系列作品，是这方面探索的丰硕成果，例如《普天同庆》。香港回归，标志着中国屈辱历史的终结，这牵动了老人的心，她怀着极其兴奋的心情创作了这幅作品，她精心构思，三易其稿，历时两个月剪成。作品为正方形，中间上方为国旗和区徽，十分鲜明地表达了香港回归的主题。周围是牡丹、紫荆花、荷花、菊花、梅花等花卉。百花盛开，欣欣向荣。上面两侧是喜鹊报喜，日月争辉。以和平鸽、花朵为边饰，象征和平、美好，底边中间标以回归日期，边框为“四”方形，内框为“八”角形，寓意“四面八方”都来庆贺，它反映了历史的重大事件。作品既庄重又富丽，在庆贺香港回归的日子里，增添了欢庆气氛，发挥了“喜花”在“大节日”中的作用。

流传千百年古老而多样的遍及全国的民间剪纸艺术，正面临如何继承和发展的重大课题，胡家芝的喜花创新，只是一个方面的尝试，她的成果是难能可贵的。

（原载：2004年第三期《文化交流》杂志，

作者：袁振藻　江苏电视大学教授）

图4-3：为祖国建四化（1983）

江南剪纸传人胡家芝：一剪成百年（摘录）

正值江南多雨时节，我静静地坐在109岁的胡家芝面前，听老人讲述一个世纪的剪纸 往事，思绪如窗外的雨水绵远而悠长。

“福寿双全”的人生（图4-4）……

今年5月1日，老人应友人之托，创作了最近的剪纸作品《福寿双全》，这也许是对她自己最好的写照吧。深厚的家学修养，新式的学校教育，加上长期的农村生活经历，使老人的剪纸作品既蕴含着丰富的文化气息、审美意象，又继承了江南“喜花”吉祥如意、祈福迎祥的悠久传统，形成了玲珑剔透、俊秀优美的剪纸风格。……胡家芝老人的剪纸艺术，融合了中国文人艺术和民俗艺术，真正做到了雅俗共赏。

“祖国万岁”的心愿……

窗前雨声滴答，犹如老人悠长的记忆。“您最满意的作品是哪一幅？”我问老人。老人含笑抚了抚鬓角的白发，想了想：“《祖国万岁》。”“为什么最满意？”“那时候，农业变化大呀！”听着老人的娓

图4-4：福寿双全（2005）

娓叙述，看着《祖国万岁》上沉甸甸的稻麦穗、雪白的棉花、水灵灵的瓜果，仿佛能够触摸到老人当年对五谷丰登的美好祝愿。

20世纪80年代，老人的剪纸艺术达到了新的高度，创作出《万象更新》、《美满人间》、《鸳鸯戏荷》等一批精品。这些精品体现出老人剪纸的独特风格：篇幅宏大、内容丰富。老人常常选用多种吉祥语言，通过谐音、寓意、象征等表现手法，创作出既主题突出、又内涵丰富的作品。这一时期，反映老人艺术成就的图书《胡家芝喜花集》出版了，电视片《胡家芝剪纸艺术》也成功拍摄。

“普天同庆”的情怀……

时代的新鲜内容激发着她的创作灵感：1995年，她把《丹凤朝阳》献给第四届世界妇女大会；1999年，她用《国富民强》来祝福共和国50岁生日，用《喜迎回归》来欢庆澳门回归。

墙上的大型剪纸《普天同庆》更是寄托着老人的家国情怀。1997年香港回归前夕，百岁老人精心构思、三易其稿、历时两个月，创作出这幅作品。作品中间上方为国旗和区徽，周围是牡丹花、紫荆花、荷花、菊花、梅花等花卉，两侧上方是喜鹊报喜、日月争辉，边饰为和平鸽、鲜花，底边正中是回归的日期。整个作品构图规整而内容丰富，欢快热烈而庄重富丽，生动反映了香港回归这一重大历史事件。

（原载：2005年6月17日《人民日报》第11版《民间艺术传人》

作者：申琳　《人民日报》记者）

有爱才有美——评胡家芝的剪纸艺术

胡家芝是位跨越三个世纪的老人，一百年来她用手中的红纸和剪刀传承着民间剪纸艺术，把爱和美撒在江南人民的生活中。胡家芝的剪纸在民俗活动中，成为美化生活不可缺少的艺术品，百余年来她创作出一幅幅如意吉祥的喜花，为节日中的人们"添福"、"增福"，人们称她为"福星"。胡家芝的剪纸是因为心里有爱，还把剪纸当作传播爱的使者。

胡家芝的剪纸除在民俗中起到作用外，还极力展示着自身的美。她借凭一张红纸、一把剪刀，剪出她对生活的真实感受，在创作过程中倾注着她自己全部的审美情感，并表现出与劳动者共同的审美情趣。

胡家芝剪纸的造型方法，不是按照客观事物的真实形象去表达自己的某种观念，而是用观念去看待和描述某种自然事物，借以使自己的观念暗寓其中。胡家芝剪纸的艺术形象有时也许是一种臆想和心象，是一种精神的内视和文化写照。例如，在胡家芝剪纸中的《福寿万年》、《五福捧寿》、《百福长寿》、《健康长寿》，这都是人类共同的愿望，是心愿。（图4-5~图4-6）这种不现实、反自然的艺术形象，在民间大众眼中是十分现实、十分自然的，原因在于他们有着一个共同的审美心理，在于这些艺术形象是观念的，而不是现实的，是心象的而不是物象的，是内视的而不是外观的，若单从形象上去理解，必然荒唐，若从意旨上去认知，便一切都是合情合理了。正由于胡家芝剪纸艺术表现的是意念和心象，不是看到的，而是悟到的，不是现存的，而是期盼的，因而胡家芝的剪纸会用一系列需要破译的符号，稚拙而随意地去表现自己的所感、所悟、所求，以抽象、变形、简练的手法再现一个爱的心灵世界。

图4-5：健康长寿（2001）

胡家芝剪纸的造型艺术不讲究透视、不讲究比例、不讲究相像，而是凭着经验和灵性随心所欲，任意取舍，大胆创造。胡家芝的剪纸断然否定了那种刻板的对现实的艺术再现。

由于胡家芝的剪纸广泛用于节日、婚嫁等吉庆场合，所以，她的剪纸多是以物象构图，组成谐音双关的吉祥祝语。利用谐音造型，是民间剪纸的一大特点，它的构图不取实物及实物特征，而取其名称的字音，比如在民间剪纸中将喜鹊和古铜钱组合在一起，“钱”与“前”谐音，铜钱上的方孔又称“眼”，构图谐音取意为“喜在眼前”。又如，因“鱼”与“余”谐音，把莲与鱼组合在一起，叫“连年有余”。民间剪纸造型的稳定性总是与语言的稳定性、语意的普通性相联系的，因此，有象征意义的吉祥剪纸造型，可以流传数百年而不改初衷。

新时代新文化到来后，胡家芝的剪纸随着时代的步伐又赋予了吉祥剪纸新的内容。为了祝贺联合国第四次世界妇女大会在北京召开，她为大会创作了《丹凤朝阳》的吉祥剪纸，并赋予这一传统吉祥剪纸新的含义，这里的“凤”代表女性，圆形的会标象征“太阳”，“华表”代表中国北京，“牡丹”寓意繁荣富强，“和平鸽”表达了老人对和平的渴望，老人的真诚、善良都表现在纹样中。有爱才有美，老人说过：剪纸和做人一样，自心要正，待人要和，要诚恳勤劳，如“天圆地方”，做人要“外圆内方”，意思就是要团结好大家，只有团结才能国富民强。

胡家芝的剪纸之所以美，是因为她心中有对国家和生活的爱。

（原载2005年10月2日，

作者：刘亚平　中国美术馆研究员）

图4-6：百福长寿(1987)

《百年好合》剪纸艺术赏析

1958年1月10日，我与陈修范结为伉俪。好友袁振藻先生的母亲、著名剪纸艺术家胡家芝伯母亲手剪了一幅题为《百年好合》剪纸作品送给我们，（图4-7）为我俩祝福，让我们当年不足十平米的新房平添了许多喜庆气氛。全幅作品由一个圆形团花和四个三角形角花组成。圆形团花是剪纸的主画面，由三个部分组成：在团花中心位置设计了一个大大的红双喜字，占据了团花的大部分位置，凸显出剪纸的主题——恭贺新婚之喜。精彩的是在红双喜四个“口”字的部位，作者匠心独具地用空心字刀法剪出了“百年好合”四个字，这一点睛之笔，既巧妙地避免了红双喜中四个“口”字让画面单调的局面，也没有失去“口”字的原貌，还起到了烘托主题内涵的目的，可谓一“剪”三雕，一举三得。再看团花的第二部分，这是在红双喜的周围用各种花卉植物等组成的组画：在正上方，是两只相向而依栖息在桂花枝上的白头翁，而在白头翁的下面，正好是两个喜字上部构成的凹槽，多么像一个刚刚筑成的鸟巢，两只白头翁恰好置身其中，让人联想起新人温馨、甜美的家园。围绕着红双喜依次下来分别有梅花、芍药、芙蓉、荷花、莲蓬等花卉植物，更有传统乐器芦笙和工艺品如意图形点缀其间；在红双喜的下方，两组兰花供奉着宝盒和双钱。团花的第三部分是外沿的边花，由四组寿桃、双钱、蝙蝠、蝴蝶连续图形构成。细细品味团花部分，从中能够体味到许多美好寓意，以祝愿一对新人“白头偕老”、“和和美美”、“连生贵子”、“富贵圆满”、“吉祥如意”。

剪纸的另一个精彩之笔是四个角头花。角花分为上下两组。上方一组是两个对称的由双飞燕子、桃花、云纹组成的角花；我们可以看到两只飞舞的小燕子，在桃花丛中欢快地嬉戏、追逐着。下面一组是两幅对称的由鸳鸯戏水、荷花、莲蓬组成的角花；在这里我们看到的是另一幅美景：一对鸳鸯一只在前回首张望、一只在后紧追不舍，它们正愉快

图4-7：百年好合（1958）

地穿行在荷花莲蓬荷叶之间，仿佛一对恋人。作者用这两组画面来寓意“双双对对”、“比翼双飞”，表示对新人的美好祝福。四个角花还使整幅画面外方内圆，除寓意圆圆满满外，更包含天长地久的祝愿。

细细品味这张剪纸，它从设计、构思到制作，无不表现了作者精湛的手艺和超人的智慧。工整对称中又富有变化，寓意深刻、内容丰富又编排有序，细致精妙令人叫绝，真可谓剪纸艺术之精品。

这张百年好合剪纸伴随我们俩走过了近半个世纪，与我们一道经历了人生的艰辛与坎坷、失败与成功、欢乐与痛苦。如今我们俩已是两鬓斑白、年逾七十的人，一双儿女已成家立业，家庭幸福美满。更可喜的是胡家芝伯母今年已有一百一十岁高龄，身体健康，神清气爽，仍可剪纸创作，这真是我国传统文化艺术界值得庆贺的事情。

（2006年3月30日于养真斋中，

作者：李有光　南京师范大学美术学院　教授）

百年剪纸美人间——世纪人瑞胡家芝及其剪纸艺术

胡家芝，1897年出生于浙江省桐庐县窄溪镇珠山村。1999年，中国老年基金会授予她“中华百岁健康之星”的称号，这位人间的寿星，2005年又迎来了她109岁的华诞。时代已在21世纪行走，被人们赞誉为跨越了三个世纪的这位杰出“人瑞”，仍然继续不停地在实现着剪纸艺术史上的超越。自古以来，没有人能实现过一百年以上的剪纸创作，就是在其他艺术领域里几乎也是绝无仅有的现象。

自幼年时起，她除了读书之外，就常学习挑花、剪纸、绘画、制灯花等。这些民间艺术的活动，渐渐地成了她生活中不可缺少的东西。由于心灵手巧，聪慧玲珑，剪纸手艺特别优秀，胡家芝很早闻名乡里，深受乡亲们的爱戴，还被大家称为“福星”。在以后时代变幻的百年人生中，她不仅已由昔日的名门闺秀、相夫教子的家庭慈母，成为了一名杰出的人寿之星，更成了一名成绩斐然的艺术之星、全国著名的剪纸艺术家。

无论是年长的还是年少的，无论是工人、农民还是干部、军人，无论是科学家还是诗人、画家，人人都喜欢她创作的“喜花”剪纸，并且把得到她创作的喜花作品看成是一种幸福的象征，爱不释手，视为不可多得的艺术珍宝。全国有几十家报刊报道过她的生活，发表过她的佳作，中央、省、市电视台也多次对她进行采访，向国内外介绍她的剪纸艺术和生涯。近十年来，又有中国美术馆、江苏美术馆、南京民俗博物馆、桐庐县人民政府等单位收藏她的作品100多幅。

任何艺术作品要想得到人们的喜爱、专家的称赞，或能收藏流传，首先都需要艺术家自身有高尚情操，有高超的技能、自己的艺术特点和风格。身为民间剪纸艺术家的胡家芝老人，来自民间，生活在民间，她最熟悉的是乡风民俗，最了解民众的喜闻乐见。因此，她以平常人的心，在创造一个生命奇迹的同时，创造了个人超越百年剪纸的历史，创造了新时代人人喜爱的喜花剪纸艺术。

她常说，人的一生，生活要快乐。旧时，每到逢年过节，总是热热闹闹、喜气洋洋。尤其是结婚、生育、做寿、立业、造房、乔迁等，都是人生的大事和喜事，每到此时人们的心情都特别高兴和欢畅。因此，民间都用红纸剪“喜花”进行祝贺、美化环境、烘托气氛，用它来表达人们美好的愿望和生活的喜悦。这种民风习俗，随着时代的变迁虽已渐渐地淡化，但在胡家芝的心中，却始终是一种传统和文化。她在百年的剪纸生涯中，最喜欢的就是创作喜花剪纸作品，一如既往，从未停止。凡孙子、外孙结婚办喜事，她就剪一幅喜花表达她的庆贺与关怀。凡亲朋好友过生日、做大寿，她同样送去一幅精美的喜花作礼物，表示最诚挚的祝愿。在天长日久的岁月里，她为亲人、好友，认识的或不相识的剪纸爱好者，甚至从未见过面的人，不知剪了多少喜花。只要有可能，她总是乐意满足各方面的要求，根据他们的需要送去她真诚的心意和祝福。她创作的所有“喜花”，无不充满着一种民间爱的真情。人们喜爱她的喜花，尤其是20世纪80年代以后，都把她送去的喜花看作是一种福分。而她也一直以此为快乐，乐此而不疲。

在长达一个多世纪的剪纸生涯中，胡家芝已渐渐地把旧时的民俗剪纸，把民间这种淳朴、纯真的爱心，融到了自己的日常生活中。她把江南民间过去一般在民俗活动和民间礼仪中主要用作装饰的“喜花”，在创作中渐渐地形成为自己的一种“剪纸样式”。很多作品不仅题材广泛，内容丰富，而且寓意深邃，富有精致的思想和意味，形式也更加独特完美。

如在一幅《双寿同庆》的喜花作品中，(图4－8)老人描绘了桃花、荷花、菊花、梅花、桃子、喜鹊、鱼、鸡、鹿、蝙蝠等许多种不同的题材，并将它们有条不紊地构成在一个四合如意式的“斗方”内。内容丰富多彩，形象生动饱满，技能娴熟自如，作品显得格外热烈明快，风格独特。她曾指着画中的图案解释说：“春来添一枝，夏荷映日红，秋菊迎霜笑，冬寒花枝俏。”她还说生活也应像一年四季一样美好，冬去春来，生机蓬勃，健康快乐！当时，她早已是耄耋之年，可在她心里，生命的活力仍然犹如四季盛开的花朵，生机勃勃，无限风光，百般美好。

从20世纪50年代起，随着社会的进步和发展，胡家芝在剪纸创作中已经不只是表现对生活的讴歌和赞美，同时常常情不自禁地去反映人类共同的理想和愿望：既有对祖国的无比热爱，又有对新时代的歌颂和宣传。如1959年创作的《祖国万岁》，气宇轩昂；1981年创作的《三八祝愿》，情意奋发；80 年代创作的《美满民间》、《万象更新》，欣欣向荣、精致典雅；1997年创作的《普天同庆》，壮丽欢快；2004年创作的《花好月圆·人寿年丰》，更是圆满华美……这些都充分地反映了一个民间艺术家的情怀、精神。这些作品都是她百年剪纸作品中极其优秀的成果，是她艺术成功的重要代表作，也是艺术家人生价值观和艺术长青的展示，是我们伟大民族乐于进取精神的反映。

图4-8：双寿同庆（1983）

我们不难看到，一幅幅富有极其浓郁生活气息和情系爱心的喜花作品，在胡家芝老人的“宝剪”之下，总是充满着一种特别吉祥的气氛。即使剪一个“囍”字，她也常常把其中的“口”字部分剪成“灯笼”形状，使画面富有一种张灯结彩的效果；并列的两串红灯，能够给予人格外热烈、喜庆的感受。“囍”在习俗中原本寓意双喜临门，主要用作男女结婚的标志，象征着喜悦和幸福。老人则常赋予“囍”字更多的涵义，内容十分广泛。我们不难看到，无论是在家庭或者公共场所，只要贴上一个大红的“囍”字，人们就会感到特别亲切，气氛热烈无比。故而，她在喜花创作中，尽可能多地以中华民族传统中的这个“囍”字，来传送喜庆的强烈信息，唤起人们的热烈情绪和感情，让人们得到心理上最大程度的快乐和喜悦，并且以鲜明的时代形式取得了一种新颖的艺术效果。如在《喜结同心》、《齐眉百龄》、《龙凤呈祥》、《龙凤牡丹》和《相敬相爱喜花》等喜花中，“囍”已完全成为作者表现一切美好事物的一种图形符号。“囍”也就成了艺术家创作喜花剪纸的特殊语言式样。《百年好合》的真情、《幸福万年》的祝福和《鸳鸯戏荷》的美满，也无一不是通过这样的图形来传送人间的真善美。（图4-9~图4-11）与“囍”一样，在胡家芝老人的喜花作品中，出现较多的还有“寿”字和“福”字。艺术家充分借助各种民间寓意图案的表现方式，环绕这些主题和内容，独运匠心，精心设计。由于她从小生活在书香门第，又读过女子学校，深受传统文化的熏陶，故在剪纸创作中以她对寓意文化的深刻理解，常常表现得十分得心应手，能在运用各种民族图案寓意的同时，加以大胆创新，从而使作品不断地获得主题思想的深化。如有几幅以梅、兰、竹、菊为题材用来祝寿、贺喜的“喜花”，作品均以梅、兰、竹、菊在民间传统寓意中的象征意义，将它们刻画在“寿”或“福”字的周围，以鲜明的图案形式起烘托作用，借其祝贺亲人“喜事纯洁，志趣高尚”，“君子相伴，福寿长生”。

图4—9：喜结同心（1992）

图4-10：龙凤牡丹（1964）

图4-11：相敬相爱喜花（1959）

在江南民间习俗中，喜事还有所谓“双喜”、“三喜”、“四喜”、“五福”等涵义，故民间常用梅、兰、竹、菊表达四喜，在继承中推陈出新，不断使民间喜花传送出新的涵义，赋予新的时代气息。

胡老寿星创作的剪纸作品，从《十岁生日》到《金婚纪念》，从《美满民间》到《万象更新》，都是歌颂生活和赞美人生。（图4-12）因此她的喜花构图饱满，布局匀称，不管采用阳文或阴文的剪纸手法，都能在大红色彩的形象感染下，凸显出一派欣欣向荣、蒸蒸日上的气象，在无比喜气洋洋的气氛中，气象万千，形式鲜明。作品的许多特殊内容，都以寓意、比喻、转借、谐音等传统的手法使得人们更加百看不厌，耐人寻味。这里，我们可以以老人在1995年为庆祝自己百岁大寿，特意创作的一幅特大喜花《百寿图》为例（图样参见本书第三章图3-6——编者注）。这幅直径58厘米的剪纸作品，在一百个“寿”字中突出一个大圆的寿字，会意大寿、圆寿。寿字的中心剪了五个圆孔，成为一朵最普通的小花，老人说：这小小的花朵隐喻五行交会，阴阳合德，与世共存，是生命之源的意思。其实，这朵小花也象征着老人心中的花朵，表达了百岁大寿的老人心花怒放的欢悦之情。圆形的寿字周围剪了五只“蝙蝠”，寓意“五福捧寿”。在中心上方安排了一组“高山”、“流水”、“并蒂莲”、“如意”、“百吉”等吉祥的图案形象，寓意“北堂慈母”，福如东海、寿比南山、百事大吉、万事如意。下方又是一组“寿桃”、“双钱”和“蝙蝠”传统纹样，谐音福寿双全、全福全寿。在左右两边，还以“松鹤”和“梅鹿”作对应，意在鹿鹤同春、福寿长在。《百寿图》的外周是“万年青”、“长寿花”、“月季花”以及瓜瓞绵绵的寓意纹样，是子孙万代、幸福生活、世代长存的象征。这幅“喜花”采用圆形的对称折叠手法，整幅作品面线结合，虚实相映，方圆相接；既具有构图完整、均衡、平稳气派的效果，又显示出热烈、欢乐、喜庆、吉祥的气氛，充满着百岁老人热爱生活的特殊情怀和艺术的创新精神，充分地展示了这位世纪老人百折不挠的开拓精神。老人的喜花艺术也正是这种精神的升华和结晶。

最后，让我们满怀着无比崇敬的心情，衷心地祝愿已有109岁的胡家芝老寿星在21世纪健康长寿。

（原载《胡家芝剪纸艺术研究》

作者：濮军一 苏州工艺美院副教授 写于2005年元月）

民间剪纸艺术家——胡家芝的喜花艺术

在美丽的富春江畔的桐君山脚下（今浙江省桐庐县的县城所在地），有一条十分热闹的老街，现名桐君路，其258号，由县文博部门建起了一座“胡家芝剪纸艺术馆”，这幢建筑，原来就是胡家的故居老宅，是胡老的出生处。今天，每当人们来到馆中，走上二楼，就能看到墙上、玻璃橱和柜内都已陈列着各式各样、各种大小和不同时期、不同形式的由胡家芝创作的一百多幅剪纸作品。这些剪纸艺术品，不仅能给人们欣赏、研究，使人们获得审美享受，并且还使人们能了解到剪纸艺术家胡家芝老人历经一百多年的剪纸人生。本文探索的是胡家芝剪纸作品中最精彩的喜花艺术。

看过她的剪纸展览后，常会听到有人在赞不绝口地说：胡家芝的剪纸喜气洋洋，许多作品与画一样的美，很多作品犹如诗一样富有意味……并有人评论说：胡家芝的剪纸，构思巧妙、花样玲珑、形象饱满，寓意深长；这是她运用熟练而多样的剪纸语言，结合自己的传统文化修养而创作的一批最富有江南民间、民族传统特色的喜花剪纸作品；同时，还以剪纸艺术所特有的简约和结构形式，结合时代的发展，使每一幅喜花作品都取得了清新的特点和鲜明的艺术效果。由此，胡家芝剪纸产生了自己的面貌，形成了自己别具一格的风格和特色。(图4-13～图4-16)胡家芝的喜花剪纸，最能让人感动的，是她

图4-13：琴棋书画喜花（1962）

图4-14：富贵白头喜花（1962）

图4-15：富贵双全喜花（1990）

图4-16：喜庆福禄寿（2002）

在作品中流露出来的那份真情和心境。知道她的人都会百般钦佩，已过一百一十高龄的她，还一直在孜孜不倦地剪纸和创作着，让人们不断地感受到她那艺术的青春和无限的生命力。而且，她的作品里是那样的富有睿哲的思想和深切的内涵。

如2008年为在北京举办世界奥运会创作的一幅题为“喜迎北京奥运会”的喜花新作，就是让人感慨无比、赞美不绝的杰作。那年，她已是一百一十二岁。北京奥运会的召开使她的心同全国人民一样，激动万分，但她更多的是淡然、静思，一方面，她天天关注相关的新闻和报道，同时，又在缓缓的移步中精心设计，百般推敲。终于，她微笑着，奉献出了一幅令人爱不释手的新喜花。是啊！喜花是她情感的最好表达，更是她精神展望的寄托和美好心灵的祝福。

如果我们只看作品，许多人会很难相信，这样寓意深长、完美无瑕的剪纸创新，竟然是出自一位如此年高的老人之手。“中国印”、奥运五环标志、祥云、和平鸽；由飞翔的和平鸽围成的图形隐喻：四面八方的人来到中国的首都北京；举办世界奥运会，天下和平、友谊万千。喜花作品以其高度的亲和力和创造力，以突出的鲜明的主题，以精练简约的语义，以饱满的形象和富于传统的形式美，凸显出了一派喜庆欢悦、振奋祥和的时代精神。这件尺幅不大的红色剪纸，就此成为了当代剪纸喜花中一幅可歌可颂的、不可多得的艺术杰作。

胡家芝老人一生剪得最多、最优秀的就是她的各类喜花。她的每张剪纸，都是那么地丰富多彩、喜气洋洋，充满着真情、实意、深爱和至善。她运用民间的吉祥等寓意手法，表达出了自己对人间生活的乐观和进取的态度，从而给人们以无比的喜悦、快乐和追求。其实，这是胡家芝自幼热爱剪纸所养成的性情和志愿，也是所有民间艺术家所特有的一种生活观念和理想。

所谓“喜花”，又称“礼花”，是指江南民间在礼仪、民俗活动中用来装饰物品和美化环境，富有祥和喜庆寓意的一种传统剪纸形式。一般在民间的逢年过节、结婚、生育、寿庆、乔迁之时，人们常常用各式各样的、喜气洋溢的“喜花”剪纸来做装饰点缀，增添喜庆气氛，借以表达人们美好的祝愿和希望。可见，喜花来自民间，后来便渐渐地发展成了民间剪纸艺术中独立而充满思想内容的一个艺术门类。

图4-17：四合如意（1961）

在喜花中，“吉祥语”往往是表达作品主题内容最基本的要素，以吉祥物为题材的组合，则往往是作者才智和修养的体现。民间剪纸艺术家胡家芝老人，通过长期的生活积累和创作实践，成功地把生活中自然界的物象与我国优秀的传统观念，通过“以意构象，取形谐音”的组合、配制和建构，充分地体现出了我们民族吉祥文化千百年以来积淀下来的丰富内涵。我们不难看到，胡家芝所创作的喜花作品，继承了这一传统文化的精髓，胡家芝使每一幅吉祥如意的喜花剪纸作品，都成为了一篇又一篇传统民族吉祥文化的典章。

在胡家芝早期一幅取名为《四合如意》的喜花中，(图4-17)她采用四个“如意”纹组成一个外框为菱形的斗方式图案，中间摆放了一个以圆为中心的双喜图形，在圆边与如意间的四个小方角内又形成了一个外方形，喜花在这方圆的强烈对比中，首先让作品显示出了独特的形式语言，突出了喜花的艺术效果，表现出了鲜明的民族形式感。尤其是利用四个如意纹样的空间，设计了四组通俗的吉祥图案，以两条鲤鱼加古代的“罄”寓意“双鱼吉庆”；用桃花、桃子、蝙蝠及双钱组合象征“福寿双全”；两只凤凰与牡丹组合，则意在“凤戏牡丹”；柿、蜘蛛、桂花的组合，即为“诸事开怀”。这幅剪纸中的这些事物，人们没有不熟悉的，来自传统的“吉祥语”，更是最直接和最平常，然而就在作者的巧思构想和喜花形式的独特构成中，让人感受到了更深的意味和更多的欢乐，当人们在面对这“事事如意、福寿双全、美满幸福”的真诚祝愿时，都会恋恋不舍、爱不释手。当然，对于这样的艺术家，人们也多了一份爱戴和尊敬！

胡家芝一生创作的喜花，有歌颂时代、庆祝节日的，有馈送亲人、朋友的，也有相赠剪纸爱好者和各方人士的。据不完全统计，胡家芝剪纸有成百上千条的“吉祥语”，按不同内容，与自然物象一一对称、互相谐音，形成了胡家芝剪纸喜花艺术语言的一大特色，如日月同辉、延年益寿、万象更新、金玉满堂、聪明伶俐、鹤鹿同春、万年如意、龙凤呈祥、丰年长寿、白头偕老、四季快乐等。在胡老的剪刀下，凡是天地山川、万物诸象，或花草瓜果或家禽五畜，或树木鸟虫或五谷杂粮都能与“吉祥语”相对应，让它们在作品中有图必有意，有像必生义。每幅喜花创作，主题都醒目突出，尤其是用作结婚、庆寿的喜花，中间往往是一个大红的双“喜”，或长“寿”字，周围有着各种吉祥涵义的内容与寓意。如齐眉百龄（荸荠、梅花、百合、菱角），琴、棋、书、画；如以梅兰竹菊象征君子之交；作品中常见的还有桃子（寿）、桂花（贵）、牡丹（富）、杏子（幸）、蝙蝠（福）、铜钱（全），柿子如意头（事事如意）、万年青（天长日久）、月季花（四季常青），一对白头翁鸟（相伴到老）、鸳鸯（情深）等。总之，胡家芝喜花剪纸通过不同题材的组合，广泛地反映了我国民族传统文化的丰富内容，表达了中华民族喜庆活动中人们满怀的深情厚意。（图4-18~图4-19）

图4-18：龙凤喜花（1998）

图4-19：富贵万年（1988）

图4-20：十全十美·幸福万年(1995)

胡家芝的喜花剪纸内容丰富、寓意精深、形式多样。如在《福寿双全》、《琴棋书画》、《齐眉百龄》、《鸳鸯喜花》中，我们不难看到：它们都属“婚庆”一类的剪纸作品，胡家芝首先采用各式各样的装饰，来表现作品的外貌；同时把“双喜”也作了不同的形式处理，做到一幅一个样，避免了民间喜花常常产生雷同的缺陷。再加上千变万化的吉祥图案的纹样设计和构成，一幅幅别具特色的不同喜花，取得了美不胜收的效果。如在上面的四幅作品中，大大的“双喜”常常被摆放在中心的位置，显得非常突出。而且在一些细微的地方还进行了各种点缀，其中有圆套圆的，有双喜双钱围成圆边的，更有在“喜”字外加饰心形表达心心相印、喜在心中的，不胜枚举。总之，无论是从内容、寓意到喜花的形式，从外框设计的变化到物象细节的描绘，胡家芝老人都能将自己的作品推进到艺术的高端。

这里，我们可再以《十全十美·幸福万年》为实例加以分析，（图4-20）从而更好地来认识胡家芝在喜花中取得的艺术成就。这幅作品的主要格式没有变，主题没有变，但通过应用物的新的组合，祝福语却产生了新的寓意。图中周边为十个如意纹，中间剪十个铜钱和十朵梅花，在通过边框的变化取得崭新形式感的同时，体现出新的吉言和语汇，十“钱”十“梅”自然成了“十全十美”的涵义。“喜”字四周的杏子、蝙蝠、万年青、荷花荷叶、一对鸳鸯及溪水组合成纹样，使整幅作品充满了“幸福万年”、“鸳鸯戏水”、“荷塘新莲”、“双喜如意”的欢庆气氛。

胡家芝在绘画上有很好的功底，所以对事物有很强的观察力和得心应手的造型能力，她在喜花中刻画的花卉无不千姿百态、美妙生动，动物形象栩栩如生、情趣盎然，即使是一朵云彩和一波流水，也都生动而富有活力。由此，胡家芝在剪纸创作中能在遵循剪纸艺术规律的同时，表现出民间丰富多彩的种种意象、想象，运用剪纸形式的特点创作出新颖别致的作品。

胡家芝一生创作的剪纸作品有自己鲜明的风格，获得了显著的成就。虽然她只用一张红纸一把剪刀，但谱写出了她美好人生的篇章。她凭着那样简单的工具，凭着那熟练不凡的技艺，实现了自己的生活理想和追求。在她的作品中既蕴含着朴素深厚的乡土感情、民族传统的文化素养，又有着更多的文雅清和的书卷气质，还有一份同新时代与时俱进的思想情怀。故而，当人们一次次在老人的作品面前驻足不前的时候，常常被她作品中流露的那份敬业精神所感动和鼓舞；在细细品味之后，人们也许会有更多的深刻体会，并激起人生的一种奋发精神，因为胡家芝是浙江桐庐的女儿，是当今最高寿的剪纸艺术家，是享年一百一十四岁的世纪人瑞。

（2011年5月于苏州采香花园，

作者：袁振洪 高级工艺美术师）

桐庐宝剪，生花百年

——记百岁寿星女剪纸家胡家芝（摘选）

“宝剪不老”是著名画家叶浅予先生于1985年写给他大表姐胡家芝信尾的祝辞。十余年后的今天，胡家芝老人的宝剪正如祝辞，又开放了更多的妩媚春花。她为改革开放剪出了《神州腾飞》。（图4-21）1997年春节即兴剪出喜花以致谢特来拜年的南京市副市长诸吉诏，11月又为登门拜访的全国人大常委会崔乃夫当场创作《健康幸福　万事如意》剪纸相赠。当笔者由年逾七十的画家袁振藻教授引见其令堂胡家芝老人时，老剪纸家耳聪目明、思维敏捷，竟似中年人的动作站起来满面笑容地招呼客人。笔者在惊异之余不由得反复想着这几个既神秘又实在的问题：“出生于1897年1月的胡家芝老人已是国内目前剪龄最高并仍执剪创作的剪纸家了，是什么原因让她如此高寿而艺术青春永在？是什么动力能使胡老从十岁少女时候开始拿起剪刀坚持长达九十余年剪纸创作？是什么精神能使已过百岁高龄的胡老对社会生活注以如此高度的热情？”百思之余还是在《胡家芝喜花剪纸集》刊载的其孙儿撰写的文章中得到了思路的引导：“胡家芝老人的剪纸像一首首古朴而又清新的爱之歌，这里有姑娘对生活的爱，母亲对儿女的爱，老人对故乡的爱……”从这里笔者领悟到，胡老的作品确实对生活、对艺术、对祖国、对人民、对未来有着超乎一般的爱心，她的作品是从“一颗纯真、善良的心中涌出”的，她的作品是基于爱的力量萌发的花朵！胡老曾说：“我创作剪纸，本身就是一种愉快，送给别人，别人高兴，我也高兴！”所以有人说胡老的高寿是由于“量大福大”、“平心超脱”的缘故，实质上这话正说明胡老爱心的博大，所以包容量大；是胡老爱心的深厚，所以能超脱一切飙尘而保持最美好的心境。这样想也许能窥视到胡老把爱献给剪纸艺术，并通过艺术创作来抒发爱心，并因此而充满生命活力、健康长寿的秘密。我们也可进一步理解到，正是胡老对人民群众、对祖国统一和对新时代深深的爱给了她近百年剪纸创作如此丰富而持久的灵感。

图4-21：神州腾飞(1995)

……

我们过去提到“民间剪纸”，总觉得它只局限于农民，而且还认为剪纸艺术是世世代代居住在农村的人的爱好。胡家芝老人的确是从山清水秀的富春江畔农村走出来的，她年轻时就已熟练继承掌握了南方农村优美隽秀的民间美术表现程式，但同时她又很早地接受了文人书画和文人生活圈的影响。而后她又走进了解放后的大城市，有更多的机会广泛接触社会，这些都对她的创作产生了重大的影响。胡家芝前半生经历了半封建半殖民地的农村，之后又直接进入了新中国新天地的工业化社会，这种强烈的社会反差的直接感受必然带来感情方式的跃变，使她从爱心出发为更多值得歌颂和表现的主题所激发，也使得胡老的剪纸艺术又有了质的飞跃，艺术个性更为成熟，在审美价值上又发展了一步。近年来她的作品既具有民间美术悠悠深长的艺术传统，又有着文人诗画的巧妙构思和丰富意韵；既有着农民艺术质朴真情的流露，又有着城市百姓精细雕琢着意经营的趣味；既有中国传统的祈求美满幸福的题材和形式，又有着现代社会审美倾向和传统审美习惯的协调统一。胡老的剪纸饱满充盈，虚实相生，疏而不腻，无过分的野逸莽放的追求，却也天然去雕饰一片真情；凝重中见清丽，严谨中见生命活力，一派中国味。尤其值得一提的是，胡老创作剪纸已坚持将近一个世纪，但她没有停留在数十年前农业社会审美趣味的局限性上，在创新的同时却又保持了民间剪纸的传统风貌；她没有拘泥在解放初期一段时期内的创作倾向上，而是把创作思想的立足点放在改革开放时代精神和未来畅想的炽热感情上，融传统民间剪纸手法和文人韵味于一炉，而且天衣无缝，这是特别难能可贵而又令人钦佩的！

我们衷心祝愿今日福星胡家芝老人寿比南山，宝剪之花永开！

（摘自《中国剪纸艺术研究》2000年9月，

作者：朱一　剪纸理论家）

图4-22：喜上梅枝（1960）

胡家芝剪纸艺术研究（摘选）

[内容摘要]胡家芝（1897—2010）是我国现当代著名的剪纸艺术家，其剪纸作品曾被中国美术馆、江苏省美术馆等多家单位收藏，其个人简历亦被《中国美术家年鉴》、《中国民间剪纸史》等典籍收录。胡家芝出身书香门第，接受过近代教育，其特殊的个人经历造就了胡家芝剪纸的时代性特征、地域性特征、审美性特征等，而这恰是其他民间剪纸艺人所鲜有的剪纸艺术风格，或者说难以逾越之所在。因此，研究胡家芝剪纸艺术，对于当代民间剪纸的发展具有理论与实践的指导意义。

……本文试从其剪纸艺术的成因、剪纸艺术的特征、剪纸艺术的当下意义这三个方面解答胡家芝剪纸艺术的成就。

1. 胡家芝剪纸艺术的成因(略)

2. 胡家芝剪纸的艺术特点

胡家芝的生命历程跨越了近百年，这在现当代民间剪纸艺术家中实属罕见。胡家芝作为剪纸艺术的创作主体，历经百年的剪纸艺术创作，其剪纸艺术是有时间厚度的，其剪纸也是经过时间检验的艺术作品。因此，时代性是其剪纸的主要艺术特色之一。

1）胡家芝剪纸的时代性特征。胡家芝剪纸脱胎于传统剪纸花样，之后逐渐向具有主题性的新剪纸靠拢。南方传统剪纸花样多来源于女工刺绣花样之中，民间也常以此作为对待嫁女性才艺的重要考量标准。作为大家闺秀的胡家芝当然也不例外，从她起初的剪纸作品中能更多地看见其传统剪纸花样的痕迹。可以说，也正是传统剪纸花样中不同民俗符号所代表的祈福纳祥的民俗寓意，给胡家芝以后的剪纸创作提供了良好的积淀。譬如胡家芝在艺术成熟阶段（20世纪50年代以后）的剪纸创作中多沿用传统剪纸中的植物花卉图案，如龙凤呈祥、喜上眉梢、丹凤朝阳等题材。（图4-22）

20世纪50年代迎来了胡家芝剪纸创作的转型期。此时的胡家芝从桐庐老家搬出与大儿子袁振藻居住在一起。由乡村转至城市，剪纸生存的社会语境发生变化，即由乡村的民俗环境转换为都市的民俗环境。都市中充斥着批量同质化的衣服鞋帽，不再需要传统的剪纸花样子作为点缀。都市中的民俗活动也相对减少，剪纸的实用性功能需要随之减少。此时的胡家芝将剪纸视为纯粹的艺术作品和纯粹的审美对象，具体体现在将剪纸的尺幅扩大，而有别于传统纤小的鞋样、花样；用剪纸体现社会事件以有别于传统剪纸题材中的植物花卉为主体的图样；在传统剪纸的符号体系中加入当时设计界新的符号图案，如和平鸽、麦穗、天安门、齿轮等。于是，胡家芝剪纸作品成功地从传统剪纸花样转型为主题性新剪纸……（图4-23~图4-26）

图4-23：万年和平（1957）

图4-24：和平丰收（1961）

图4-25：国富民强·和平万年（1963）

图4-26：勤俭建国（1958）

2）胡家芝剪纸的地域性特征。民间剪纸作为民间文化的物化载体，是民间文化的性格体现。而中国民间文化的传承和发展是以地域性文化的存在、发展和交融为基础的，地域性的自然生态与文化生态均会影响到民间文化的性格。中国民间剪纸也彰显着地域性文化的光芒，在功能以及纹饰造型上具有鲜明的地域文化特色。正如郭沫若所言："曾见北国之窗花，其味天真而浑厚。今见南方之刻纸，玲珑剔透得未有。一剪之趣夺神功，美在民间永不朽。"胡家芝剪纸作为民间剪纸的典型性代表，同样也具有民间剪纸的地域性特征。胡家芝出嫁前居住于在浙江省桐庐县，出嫁后居住于浙江省桐庐县窄溪镇珠山村，之后跟随子女在南京定居。浙江省桐庐县隶属于杭州市，而杭州市与南京市在地理环境上处于中国版图的南北方之间，都有很强的文化包容性，两地的民间文化性格中既有北方的粗犷，又有南方的清秀。

……

一方水土养一方人，胡家芝在继承两地剪纸精髓的基础上又加以创新发展，其剪纸作品既有浙江剪纸的完整性大观，又有南京剪纸精细的局部裁剪，可谓是"粗中有细，拙中见灵"。她吸取南京剪纸花中有花、题中有题的主题性特点，同时将南京的喜花剪纸作为剪纸创作的主攻方向。胡家芝喜花，是其剪纸的创新所在也是魂脉所在。从其喜花的文化内涵上看，超越于一般传统意义上的家庭、宗族、乡里间的婚庆或民俗节日之喜，而是洋溢中饱满的"国喜"之情。从其喜花造型上看，胡家芝在民间喜闻乐见的喜花图案造型基础上增添了新的有代表性的符号，如和平鸽、麦穗、齿轮、科技符号等，以阐释剪纸的主题，使传统的喜花剪纸旧貌换新颜，展现新气象。

3）胡家芝剪纸的审美性特征。"中国的民间艺术一般可以分为四个层次：一是广大的农民和牧民，他们的艺术活动带有业余的性质；二是农民的副业，只是在农闲时或节日、集市上从事艺术的制作和销售；三是半职业性的游方艺人，进行走街串巷；四是在城市中挂牌经营的专业艺人，设立作坊或参加专门的工厂等。”剪纸作为中国民间艺术的一大门类，同样适应于此类划分，只是各个层次的艺人分布情况有所不同而已。其中第一层次的民间剪纸群体多为农村妇女，剪纸多是对美好生活的期盼。因此，这种剪纸不求技艺的超群，而以蕴含着质朴的人生感情见长，剪纸因此也灵动感人。在城市中挂牌经营的剪纸艺人对于剪纸的技艺要求较高，且要迎合市场的需求，往往会只注重技艺方面，过于求精、求细，使剪纸无法保持造型语言的独立性，“剪”与“画”分不开；或是只注重市场大众的趣味，使剪纸沦为流行文化的代言，失去民族民间性。南京剪纸界亦是此种情况。

胡家芝作为南京剪纸的杰出代表，属于第一层民间艺术的创作群体，她既懂得剪纸的真实存活形态，也懂得剪纸只有创新才能赢得艺术价值与文化地位。胡家芝的剪纸不带有经济目的，是对生活的直接性反映和对艺术的执着追求。所以，较之专业的剪纸艺人，胡家芝剪纸是质朴的，洋溢着纯真的美。但胡家芝又不是普通的农村妇女，她虽然来自于民间，却是受过现当代教育的，对于剪纸继承与创新方面自然会有其独到的见解。费孝通先生强调，“创造不能没有传统，没有传统就没有了生命的基础；同样，传统也不能没有创造，因为传统失去了创造是要死的，只有不断的创造才能赋予传统生命”。较之农村妇女因袭旧花样而言，胡家芝剪纸是有所发展的，它讲求继承基础上的创新。

图4-27：新万象更新（1983）

胡家芝剪纸的审美性特征是其剪纸的创新所在，具体主要体现在剪纸的图案性与文人化方面。

图案性是指胡家芝的剪纸作品遵循图案的基本构成法则，诸如统一与变化、均齐与平衡、对称与等量、调和与对比、充实与空灵、

图4-28：百福四君子（2003）

图4-29：春节愉快（2002）

图4-30：家（2008）

动感与静感、统觉与错觉、节奏与旋律、适应与照应、连续与序列等，使剪纸作品充满着和谐统一、错落有致的韵律感。胡家芝剪纸层层叠套的构图形式，多以圆形为剪纸语言叙述的主体，并以此成为构图范式。这是符合中华民族崇尚圆的审美习惯的，如民俗词汇中的“万象更新”、“合家团圆”、“花好月圆”、“功德圆满”、“团团圆圆”都是将圆视为完满、统一、和谐的象征。(图4-27)“圆，循环往复，周而复始，永无竭止，充分体现了中原先民视宇宙为永恒的哲学观念。”其他剪纸艺人的剪纸作品却多以单个物象作为表达对象，单个叙事。即或有图案性的剪纸作品出现，却也并未形成统一固定的剪纸造型模式，只是个别的剪纸艺术现象。

文人化是指胡家芝的剪纸作品趋向于文人阶层的审美旨趣，诸如剪纸作品中出现书法篆体、美术字，且文字组合设计巧于构思，巧于搭配。汉字的设计在中国由来已久，在古代“瓦当文和板书鸟虫书是如此，民间的花鸟字、组字画和填画字等也是如此”，近现代的文字设计也是层出不穷，如北京大学校徽、山东艺术学院校徽、山东大学的校徽等。在民俗领域的人生礼仪中，以文字来表达喜怒哀乐也是由来已久，如春节的“福”字，结婚的“囍”字，丧礼的“奠”字，等等。在吉祥艺术纹样中有喜字纹、寿字纹、福字纹、禄字纹、万字文等。胡家芝自幼生活在书法世家，深得书法要领，她将中国传统艺术形式——书法与绘画融汇于一体，从而将这些具有祈福纳祥意义的装饰性文字幻化为剪纸的一部分，或直接变形、或以本来面目出现，或经过美术字设计处理，都极尽汉字艺术的形式之美。（图4-28~图4-30）

3. 胡家芝剪纸的现代意义

从20世纪90年代开始，改革开放在各个方面不断深入，尤其是经济进入了高速发展的轨道，农村在商品经济繁荣的同时，城镇中的中小型企业迅速崛起，这些企业起到了转移农村劳动的作用。剩余的农村劳动力则进城务工，这在根本上改变了中国农村传统的生产、生活方式。生产方式的根本性变革使传统剪纸的创造与传承主体——广大农村的劳动妇女放下剪刀，纷纷走向工厂务工，民间剪纸的生存土壤正面临着根本性的动摇，这一现状使传统民间剪纸面临着岌岌可危的生存境地。民间剪纸怎样面对商品化的浪潮，怎样在保持自身文化品质的同时走上正轨良性的发展道路，是剪纸所面临的亟待解决的课题。此外，有不少剪纸却劣质地以旅游商品的形式出现。鉴于此，冯骥才先生曾在《民间艺术的当代变异》一文中提出过这样的质疑："商品化是民间艺术的当代变异。这种变异正在全国发生着。这种貌似'茁壮成长'的民间艺术，在文化意义上却是本质性的消亡。难道民间艺术只有这样一种出路吗？"

胡家芝剪纸在保留着剪纸中文化涵养的同时，也为剪纸的出路问题提供了一定意义上的范式作用。胡家芝剪纸之所以能够留存住剪纸中的文化本质，是因为胡家芝一直将剪纸视为纯粹情感寄托的物质载体，或是对婚姻美满的祝愿，或是对子孙殷切的期待，或是对祖国繁荣富强的赞美，在创作中无不倾注着饱满的情感。其剪纸不求工艺中繁缛的雕琢，而求剪纸中民俗信仰的实现。胡家芝剪纸最终并没有走上民间艺术商品化的道路，也就避免了商品化、市场化的民间艺术在本质内涵上变异的歧途,使剪纸这一最基本也是最本源的民间艺术保留着原生态的样式。

这里所谓的原生态艺术样式，并不是指其剪纸艺术是一成不变、墨守成规的。正如石涛"笔墨当随时代"，胡家芝剪纸艺术也因时而变，因地而变。所谓因时而变，是因为胡家芝剪纸中有社会意识形态变迁的痕迹，即胡家芝剪纸记录着当下生活环境中国家所发生的大事件，且以传统喜花之形灌注以时代新气象。所谓因地而变，是指胡家芝随着生活居住地的变迁，由浙江省桐庐县的小县城走入六朝古都南京之后，周围审美接受群体发生了本质性的变更，由农村受众转换为城市受众，审美共性发生了变化，与此同时，胡家芝的剪纸艺术也发生着悄然的变化：由传统民俗中体现时令节日的刺绣花样、婚嫁仪式、祭祀仪式的剪纸流变为参与城市文化建设之用的剪纸，如参与到草场门社区的文化活动之中、参与到家乡桐庐县剪纸文化的发掘之中。并且，胡家芝从事高校艺术教育的子女们身体力行地将母亲的剪纸普及到城市民众的审美视野中，引入当代主流文化形态的展览、传媒、主题性文化艺术空间中。譬如在政府的支持下分别于胡家芝家乡桐庐县的故居、南京民俗博物馆两处设有“胡家芝剪纸博物馆”，1995年2月2日于江苏省美术馆举办“百岁老人胡家芝剪纸艺术展览”，2006年在南京市美术馆举办名为“百岁剪纸艺术家胡家芝剪纸作品展暨作品集首发式”等。这一切都使胡家芝剪纸的民俗功能逐渐减弱，而被赋予了新的功能——城市文化建设的职能。这也为处于文明转型期的民间剪纸该如何生存、如何发展提供了有力的案例支撑与发展模式的借鉴。

（原载《胡家芝剪纸艺术研究》

作者：尹文、徐慧极 东南大学艺术学院教授、研究生）

有关书籍、报刊评述或介绍胡家芝及其剪纸作品的部分目录和内容摘要

1. 1961年10月24日《新华日报》第4版，吴山：《新颖优美的江苏剪、刻纸》。文中评述胡家芝剪纸作品《百花齐放向太阳》说："作品运用民间传统的寓意手法，表达了对党的热情歌颂，体现了这位六十高龄老大娘内心深处对党的无限热爱。"

2. 1986年2月17日，《扬子晚报》，蔡志坚：《九旬老人的剪纸》。文章介绍老人"……平时外出，或逛公园，她对周围事物和花鸟虫鱼，观察得很细致，虽不画速写，但默记在心，天长日久，她的剪纸艺术日臻完美。""那融融的喜气和赏心悦目的装饰美，谁见了谁喜爱。"

3. 1989年8月，《胡家芝喜花剪纸集》由江苏美术出版社出版，袁宇在《美满民间——谈胡家芝的喜花剪纸艺术》一文中介绍："由于她有深厚的民间剪纸的根基，所以她的作品十分善于运用民间艺术寓意的表现方式，在适合形式中展现了一种独特的风格。她常常以谐音、象征、会意、表号等手法，使作品不断地获得感情的深化，表现出更加深邃的丰富内涵。所以说胡家芝老人的剪纸像一首首古朴而又清新的爱之歌。"

4. 1991年8月25日，《金华日报》，张华钢：《我的外婆》。文中说："……剪纸艺术既是外婆追求的事业，又是她与亲朋好友交往、表达亲情的一种方式……"

5. 1994年10月30日，《江苏教育学院》第3版，怀信：《她今年98——访剪纸艺人胡家芝》。访问录中写道："……展现在我面前的一幅幅剪纸，有的以构思细巧精致，花样玲珑剔透见长，尽显江南剪纸灵动细致的特色；有的则把北方粗犷、凝重的特点融于南方剪纸的秀丽、柔和的风格之中，而独具风采。喜花中燕子正喃喃作语，喜鹊在吱喳报喜；那牡丹花繁叶茂，松柏青翠欲滴；鸳鸯戏水，风光旖旎；蝶舞花间，情趣盎然……逼真鲜活的形象已让人赞叹不已，时常穿插于画面中的谐音、象征、会意等手法的运用，更令人击掌称妙。欣赏老人那一幅幅剪纸犹如欣赏一幅幅优美的画，一首首寓意深浓的歌。喜花表现出的 纯熟技巧、丰富的历史文化内涵和独特的创作功力，无不令人叹为观止……"

6. 1995年2月3日，《 扬子晚报》第2版，金羽 王子明：《淳朴优美 喜气洋溢——胡家芝剪纸艺术展在宁举办》。

7. 1995年2月11日，《周末》，陈竞：《金陵百岁老人举办剪纸艺术展》。文中评述胡家芝剪纸有鲜明的艺术风格说："她的剪纸既有质朴的泥土味，又有文雅的书卷气。胡家芝老人的喜花讲究章法，构图常采用民间喜花'形中套形'，'物中套物'，以完整的图案形象与一定的外形轮廓线相适合构成。"

8. 1995年2月18日，《周末》第6版，倪治清：《百岁剪纸艺术家胡家芝》。介绍胡家芝自幼喜爱剪纸艺术，16岁时已成为远近闻名的剪纸能手；年过花甲，老人的剪纸艺术创作渐入佳境；过了80岁，则达到了高峰，她的作品，恰如其分，巧于组合；千变万化，多姿多样；寓情于物，物人合一。更难得的是如此高龄的老人仍经常推陈出

新。该报并在第10版刊登了“濮安国解读《快乐幸福万年如意》剪纸作品”的内容。

9. 1995年2月20日，《解放日报》，朱安平：《宝刀不老 恬静美妙——记南京〈百岁老人胡家芝剪纸艺术展览〉》。报道说：“浏览老人160多幅剪纸作品，犹如置身一个淳朴优美的喜庆世界。它们以生动的造型、精美的构图、丰富多样的形式、喜气洋溢的风格，记载了老人对生活的感受，寄托了老人‘美满人间’的心愿。”“……众多前来观摩的美术界人士，高度评价了胡家芝老人为民间剪纸推陈出新所做的卓越贡献，同时，更赞誉她在民间艺术园地里不懈追求的执着精神。”

10. 1995年3月8日，《服务导报》，周建：《百岁剪纸艺术家胡家芝》。

11. 1995年7月，香港《紫荆》杂志，龙锡凯：《巧手剪出满园春——记百岁老人胡家芝的剪纸艺术》。文章比较详尽地记述了她的生平、她剪纸艺术的发展过程以及对代表作品的评析。

12. 1995年8月14日，《金陵晚报》第7版，郑文钊：《年近百岁的剪纸老人》。文中介绍说：“老人专注于剪纸时，心无杂念平静如水，久而久之，形成了与世无争的平和心态，每天自由耕耘在艺术田野中……”

13. 1995年8月25日，《南京日报》第7版，田松沪、陈佳惠：《永葆艺术青春的女寿星——访百岁老人胡家芝》。

14. 1995年10月，《江苏妇运》，傅萱：《百岁老人心系“四大” 妙手剪制“丹凤朝阳”》。

15. 1996年2月1日，《南京市场报》就101岁长寿老人胡家芝为该市场报读者创作《幸福健康》剪纸作品作了专题报导。

16. 1996年2月3日，《江苏商报》第7版，刘明诂：《100岁剪纸艺术家胡家芝》。

17. 1996年8月29日，《中华老年报》第4版，刘明诂：《百岁剪纸老人胡家芝》。

18. 1996年第3期，《南京文艺界》，《剪纸艺术家胡家芝》一文中介绍、评述胡家芝各个阶段的剪纸作品时说：“胡老的剪纸艺术，既有江南民间剪纸特色，又有鲜明的个人风格，在内容和形式上烙上了时代的印记，为民间剪纸的推陈出新，做出了卓越贡献。”

19. 1996年，《健康指南》第6期，袁琳：《百岁剪纸艺术家胡家芝》。文章介绍：“南京有这样一位百岁老人，她荣获‘健康世纪老人’，‘十佳建康老人’的称号，又是知名的民间剪纸艺术家。”“在南京市文化局等六单位为她主办的‘百岁老人胡家芝剪纸艺术展览’上，观众对她的160余幅精美的剪纸作品，巧妙的创作构思，无不感到惊奇、赞赏。”

20. 1996年12月13日，《劳动报》，王明永、许康波：《巧手剪裁绝代风华——记剪纸老人瑞胡家芝》。文章介绍说；“剪纸艺术创作的过程，离不开活跃的思维。老人在空闲之余，总要研究他人的剪纸作品，取其长处，吸其精华。一旦开始创作，老人便宁心静神，沉浸于构思中。斟酌再三，方才敲定。待想法成熟，她立即将构思宣泄于纸笔之间。剪纸本身须正其身，竖其背，回其腕，脑、手、眼须三位一体地运动。这种寓动于静的运动，更促进了老人的思维。每剪一幅喜花，老人便高悬镜中津津有味地欣赏，仔仔细细地琢磨，在认真总结的基础上再构思更新颖的喜花。老人时常凝神观赏自己的作品，好似进入了一个飞尘罕到的美妙仙境，在艺术王国的遨游中，新的地平线不断展现在她的面前。”

21. 1996年12月28日，《江苏商厦购物导刊》第4版专文介绍《百岁老人胡家芝》。

22. 1997年，我国台湾地区《师友》杂志元月号：《宝剪不老，喜花长开——百岁人瑞胡家芝的剪纸艺术》。

23. 1997年，《华夏长寿》第3期，刘明诂：《百岁剪纸老人胡家芝》。

24. 1997年7月1日，《服务导报》。李晓玲、陶宇东：《静海寺：钟声激荡庆回归》专题报道百岁老人胡家芝应邀赴静海寺撞钟的情景。

25. 1997年8月2日，《江苏工人报》，张群：《百岁老人胡家芝的剪纸艺术》。文章评述说：“这位已有几十年剪纸生涯的世纪老人如今操起剪刀剪起纸来，心不慌，手不抖，运剪如飞，动作十分麻利，使得观者无不称奇……”；“胡家芝剪纸艺术最大的特色就是在塑造作品形象时，注意形象造型的艺术性和审美性，以简练生动的剪纸手法，剪出栩栩如生而又富于变化的诸多形象来，质朴中透出雅致，富丽中蕴含隽秀……”

26. 1997年，台湾地区《中国语文》杂志第485期，蔡文恂：《宝剪不老 喜花长开——百岁人瑞胡家芝的剪纸艺术》。文中评述说：“艺术的生命是无止境的。今年满一百岁的胡老太太，以她的细心、好眼力和灵巧的手艺，为剪纸艺术留下光彩的一页。”

27. 1998年，《当代老同志》第7期刊登了庆祝香港回归一周年胡家芝展示《普天同庆》照片。

28. 1998年，《江海桥声》第2期，张群：《百岁剪纸老人胡家芝》。文中评述称：“人们说，艺术家的心灵是美好的，而具有一颗美好心灵的人自然长寿。胡家芝老人的健康长寿，有力地证明了这一点。老人从不把自己的剪纸拿去卖钱，都是无偿地送给亲友。她几十年如一日地保持着这种乐善好施的传统美德，无疑为其生命之塔增添了益寿之砖……”

29. 1998年1月18日，《江苏工人报》翟友报道百岁福星胡家芝老人关于创作《幸福快乐 万年如意》的作品叙述。

30. 1998年2月1日，《祝你健康》第2期，张群：《巧手剪出夕阳红——记百岁剪纸艺术家胡家芝》。文中介绍说：这位慈祥的老人今年整整101周岁了，“……胡老期颐之年身体如此硬朗，敬佩之余人们纷纷询问老人吃了什么补品，有什么养生秘诀。老人笑道：‘我一不吃补品，二没有秘诀，主要是凡事看得开，做做家务事，剪剪纸什么的，就这么过来了。’老人一辈子恬淡虚无、平静超脱、心胸豁达，醉心于民间剪纸艺术，即使在动荡的年代里也处变不惊、随遇而安，保持着勤俭持家的传统美德和良好的生活习惯……”；“老人把美好的心灵溶入剪刀之中，创作出数不清的剪纸艺术品，给人们送去了美好的祝愿，自己也从中得到了快乐……”

31. 1998年，《南京史志》第3期，张群：《百岁剪纸艺人——胡家芝》。

32. 1998年6月5日，《新华日报》第6版，朱新法：《一百零三岁胡家芝依然在剪纸》。报道中说："……这些年知道她剪纸艺术的人越来越多了，上门讨要的也越来越多，老人总是有求必应，默默记在心里，过些时候就一一奉送。在剪纸时老人神色安详，无衰朽之态。当一幅幅形象逼真、剪工细腻的作品展示在人前时，大概多数人都不会相信这些是出自一位百岁老人之手。这些剪纸作品充满了青春朝气、时代特色。旁人可以想见，老人在进行艺术创造时既充满感情，又和平安宁的心境。名利二字与胡家芝老人是绝缘的……正是由于老人淡泊名利，将剪纸艺术作为终身爱好，才使得她长寿，活到103岁仍心明眼亮，才使得她的剪纸艺术达到很少有人能企及的境界……老人并不因为自己是家庭妇女而满足于自己的作品，局限于传统的花鸟虫鱼这些题材上，而是将火热的生活、崭新的气象剪进自己的作品中。创作出了《百花齐放向太阳》、《祖国万岁》、《万象更新》等优秀作品。这些作品脱离传统的剪纸窠臼之外，富有时代气息，淳朴优美、喜气洋溢，具有江南民间剪纸特色，形成了鲜明的个人风格。"

33. 1999年9月26日，《商报》，阎安：《剪出来的心愿》。文中说："胡家芝从小喜欢剪花、刺绣、读书和绘画，凭着对生活的领悟能力和聪明灵秀之气，她将大千世界人物造型烂熟于心，剪的时候就游刃有余。'这就是我的工具'，老人很有些得意地举起一把张小泉小号小剪刀摇了摇，手边还有两支很普通的短铅笔和一块小橡皮。"

34. 1999年9月29日，《中国老年报》，王莉：《百岁剪纸艺术家胡家芝创新作迎国庆》。

35. 1999年12月，《胡家芝剪纸艺术精品选》，于会：《喜花吉祥美人间——世纪老人胡家芝的剪纸艺术》。

36. 2000年5月28日，《新华日报》周末版第171期，丁蔚文：《今年103岁——近访胡家芝》。文章介绍："一直剪到了103岁。……她的剪纸、图案都是自己创作，没有一张是临摹的。胡家芝不停地剪啊剪，心里刚刚想出一个好看的图案，手上的剪子就鬼使神差般剪出图形了。""看胡家芝的剪纸，那融融的喜气洋洋的氛围，那些美丽的花朵、果子，农村的豆荚、吉祥花纹、云锦图案，画面的乡土气息，胡家芝的剪纸作品，仿佛有神来之笔，在不对称中有对称，平衡中又显得不平衡，传统又新潮。……活了103岁，对胡家芝而言，一切的悲喜，已经云淡风轻，她很平和，也很随意，她还说：'简单就是最好。'……胡家芝只知道剪纸要美，要好看，剪出了一个个图案……心里特别的快乐。"

37. 2000年12月29日，《南京日报》A卷专版《迎接新世纪特刊》第19版：《世纪老人胡家芝》。文章介绍了世纪老人胡家芝的概况，登载了老人一笔一画为本报写下的心中祝愿——"新世纪国富民强。胡家芝2000.12.11."。

38. 2001年1月1日，《现代快报》第 24 版，路军：摄影作品报道《跨越3个世纪的祝福》，同时刊载胡家芝与其剪纸作品《福》的摄像。

39. 2001年1月1日，《中国妇女报》，朱安平：《为人间播洒美和爱》。

40. 2001年2月10日，《普天通信》第34期，晓东：图片报道《普天通信领导拜访跨越3世纪老人胡家芝》。

41. 2001年12月31日，《桐庐报》，楼一层：《胡家芝和她的剪纸"百寿图"》。文中写道："她，跨越了三个世纪，被授予'中华百岁老人健康之星'，她，摆脱过去剪纸的功利性，从传统民间剪纸提升到现代民间艺术剪纸，将古老的民间剪纸注入了新时代的生命活力，这不正是她对民间剪纸艺术的一大超越吗？……她一生中不知剪了多少的喜花、寿花、礼花。为大家添喜、添福、增寿、祝愿，真可谓是'美满人间'，她也自然成为人们追求的'福星'。由于她知足常乐，淡泊名利、乐善施美，分文不收，使她心灵深处的美和剪纸艺术的美乳水交融，相映生辉。……她剪了近一个世纪的喜花。美满天下，誉饮江南，事业有成，超越了一个普普通通家庭妇女的人生价值。"

42. 2002年3月1日，《浙江老年报》，楼一层：《艺术不老 青春常在——记剪纸寿星胡家芝》。文章评述中："胡家芝是一位颇具造诣和影响的剪纸艺术家。她凭巧手剪尽人间锦绣。长寿秘诀：一是'乐'。知足常乐，乐而忘忧；二是'美'。美的构思，美的制作，美的寄托，美的奉献。……件件作品渗透着她'美满幸福'、'万事如意'的良好祝愿。这种'乐'和'美'的有机结合，构成了她的最佳心态，年逾百岁，仍耳聪目明，艺术不老，青春常在。"

43. 2002年9月28日，《精品购物导刊》，剑明、李南：《剪纸大师胡家芝》。文中说："笔者在她的案桌上看到许多她亲手绘制的图样底稿，一稿、二稿、三稿，不达完美，她是不会下剪的。……胡家芝的剪纸，承载着新时代、新生活的内容和形式。……一批又一批的艺术精品出现在她的剪下，使人们惊叹老人的艺术青春。她的作品既充满乡土气息，又洋溢着艺术新潮，既有江南民间剪纸的特色，又有鲜明的个人风格，于平衡中显出奇绝，在不对称中显出对称，这些艺术创新都体现了这位艺术大师的不懈探索追求。"

44. 2002年10月26日，《美术报》，朱同：《世纪人瑞胡家芝》。文章评述说："她的剪纸更趋浑厚、富丽。她目睹祖国日新月异，繁荣富强。她满怀喜悦，继续通过剪纸创作来抒发她的情感……她的剪纸淳朴优美、喜气洋溢。既有江南民间剪纸的特色和文雅的书卷气，又有鲜明的个人风格和时代感。为民间剪纸艺术的推陈出新，做出了卓越的贡献。"

45. 2002年，《社会文化导报》第2期，楼一层：《宝刀不老剪春秋——再访剪纸寿星胡家芝》。文章最后写道："这位用剪纸的特殊音符、语言和色彩，演奏了一个世纪辉煌历史的颂歌，展示一页页美好生活画卷的艺人；一位实现了人生生命超越，实现了剪纸艺术超越的老人，是如此可敬、可爱呵！"。

46. 2003年1月2日，《现代快报》，胡剑明：《107岁的南京健康老人》。报道说："她每天必看《参考消息》，她长寿之道…… '简单就是好'。"

47. 2003年12月，《无锡日报》，胡立德：《剪纸人瑞胡家芝》。文中说："这次，特地去拜望了全国著名的剪纸艺术家胡家芝，她一生努力，好学勤奋，她把一颗爱人之心融入了艺术创作之中，至今仍创作不辍，把美好融入生活、播向人间。”

48. 2004年，《文化交流》第3期，袁振藻：《胡家芝剪纸艺术的继承与创新》。

49. 2004年2月12日，《中国文化报》第3版，李晓林：《桐庐民间剪纸·风景依旧繁华》。

50. 2004 年，《文化交流》六月号，袁振藻：《宝刀不老·喜花长开》。

51. 2004年7月，《南京民间文艺》创刊号：《剪纸艺术家胡家芝》。文中评述说：“胡家芝的剪纸淳朴优美，喜气洋溢，既有江南民间剪纸的特色，又有鲜明的个人风格，为民间剪纸艺术的推陈出新，做出了卓越的贡献。胡家芝老人已跨越三个世纪，她一生勤俭，待人和善，量大福大，特别是她爱好剪纸，把一颗爱心融入艺术创作之中，至今身体健朗，思维敏捷，仍精益求精地创作，把美和爱继续播向人间。”

52. 2004年9月28日，《精品健康导刊》第31期，何末来：《108岁的民间剪纸艺术家——胡家芝》。文中写道：“从小，她就开始剪纸，剪了整整一百年，她带着对剪纸艺术的热爱和激情横跨了三个世纪。很多专业人士这样评价她：‘这是最纯粹的艺术’。这样的褒奖，似乎是一个艺术家毕生的追求。”封面刊登了胡家芝展示新作《花好月圆·人寿年丰》的摄像，并以封面新闻写了一段评述文字：“中秋将至，南京民间剪纸艺术家——108岁的胡家芝老人创作了一幅《花好月圆》，祝愿每个家庭和和美美、幸福平安。”

53. 2005年6月17日，《人民日报》第11版，申琳：《江南剪纸传人胡家芝：一剪成百年》。

54. 2006年1月18日，《金陵晚报》，韦晔：《这一剪，一百年——南京剪纸大师喜迎110岁寿辰》。

55. 2006年3月4日，《中国教育报》：《百岁剪纸大师》，同时刊登了胡家芝在剪纸的人物照片。

56. 2006年10月26日，《金陵晚报》，于峰：《110岁胡家芝：剪纸剪了100年》。文章中说：“她关注国家大事，每天必仔细阅读《参考消息》。社会主义新中国日新月异的建设成就，给她提供了丰富的素材，她创造性地将时事新闻作为剪纸题材……。有人评论说：‘她的剪纸浓缩了一部新中国的历史！’”

57. 2006年10月28日，《金陵晚报》：《南京最老寿星胡家芝110岁不忘创作》。

58. 2006年10月28日，《南京日报》，李冀：《百幅剪纸见证共和国历程——110岁胡家芝亮相个展人气不逊明星》。文章说：“昨天上午，由市文联和鼓楼区政府联合举办的胡家芝剪纸作品展在市美术馆开幕。110岁的胡家芝亲自到场，吸引了众多市民争睹这位目前南京年纪最大老寿星风采。老寿星出场场面堪比明星，百幅剪纸见证共和国历程，百岁高龄参评‘杰出传承人’。”

59. 2006年10月28日，《东方视窗》13A：《她，已经剪了100年》。文中介绍说：“28日，南京110岁的剪纸艺术家胡家芝举办了一场作品展，从展出110幅作品中，不仅能依稀看到这位跨越三个世纪的老人的人生经历，也感受到她的细腻情感，其作品历经百年创作实践，形成了质朴、厚重、圆融、丰富的独特风格。”

60. 2006年10月28日，《新华日报》，余萍：《跨越三个世纪的百岁剪纸艺术家胡家芝剪纸作品展及作品集首发式在南京美术馆举行》。文章说："出生于1897年的胡家芝老人100年来操剪不辍，凭借手中的一张红纸、一把剪刀，记录下新中国发展的历史，表达出自己对生活的真情实感和美好祝愿。"随文刊登了"精神矍铄的胡家芝老人兴致勃勃地参观自己作品展"的图像照片。

61. 2006年11月3日，《金华日报》，张华钢：《110岁胡家芝：书写百年剪纸传奇》。

62. 2008年5月10日，《江苏科技报》，梅阁、康康：《向南京的百岁母亲们致敬——111岁艺术老人，爱心对待生活》。文章中写道："胡家芝老人是全国健在的年龄最大的民间艺术家、南京市第一位终身成就奖获得者，今年已110岁高龄的她，用一把普通剪刀，书写了人生整整100年的剪纸传奇"。"虽然年龄在不断增大，但她的创作激情不仅没有减弱，而且每年都有佳作选出，甚至到了她110岁高寿的时候，仍创作了几幅剪纸，这无疑成了我国乃至人类民间艺术史上的一个奇迹。"

63. 2008年5月28日，《人民日报》，王新：《百岁老人胡家芝"迎奥运"观看南京火炬传递》照片。

64. 2008年7月16日，《中国新闻网》，田博川发表图片《南京百岁剪纸艺术家创作"奥运"剪纸》；宁夏网发表尤天竹的照片《112岁胡家芝老人完成奥运剪纸》。

65. 2008年7月16日，《南京日报》，邢红、项姝丽：《南京112岁老寿星剪纸迎奥运》。文中说："南京112岁的剪纸大师胡家芝用剪刀创作一幅《喜迎北京奥运会》，用传统的剪纸艺术传达出了自己对百年奥运的期待和祝福。"并刊登了胡家芝老人展示刚完成剪纸作品的照片。

66. 2008年7月16日，《邯郸日报》刊登《老寿星剪纸迎奥运》照片一幅。

67. 2008年7月17日，《黑龙江新闻网》转载《老年日报》发表的王新、朱敏《江苏老人展示奥运主题剪纸作品》照片及文字说明。

68. 2008年7月22日，《新民晚报》刊登王新《112岁老人剪纸迎奥运》照片和文字说明："南京112岁剪纸艺术家胡家芝历时一个多月，完成了以'迎北京奥运会'为主题的剪纸作品创作。作品中分别由奥运'中国印、奥运五环、祥云'和象征和平的8只鸽子组成，表达老人'喜迎奥运'的喜悦心情。"

69. 2008年7月29日，《金华日报》，张华钢：《百岁外婆与世纪奥运》。

70. 2008年8月5日，《今日桐庐》，楼一层：《百岁老人胡家芝祝福北京奥运》，并刊登胡家芝老人观看火炬传递、为奥运加油的照片及剪纸作品《喜迎北京奥运会》。

71. 2009年，《文化交流》杂志，楼一层：《113岁剪纸艺术家胡家芝》。

72. 2010年2月7日，《金华日报》，张华钢：《人生如书 我读外婆》。

73. 2010年2月26日，《现代快报》，周宁人、刘峻：《她，111岁时还创作了几幅剪纸》。

74. 2010年2月26日，《南京晨报》：《我省最高寿人瑞114岁》。

75. 2010年3月12日，《浙江日报》：《跨越百年的剪纸人生 红纸巧手剪春秋》。

76. 2010年3月12日，《金陵晚报》，韦晔、孙子虹：《114岁老人剪纸庆祝妇女节百年》。

77. 2010年3月20日，《中国剪纸观察》，楼一层：《大爱、大美、大寿——读胡家芝传有感》，文中介绍：胡家芝的创作新喜花剪纸，高人一筹的是她通过这一过去被人视为雕虫小技的剪纸艺术，生动形象地表现了共和国的辉煌历程，颂扬了时代的主旋律，如果我们把这些作品链接起来，又是一件《祖国颂》的历史画卷。……百年剪纸，锲而不舍，这种对艺术的追求，也是举世无双的。

胡家芝剪纸作品

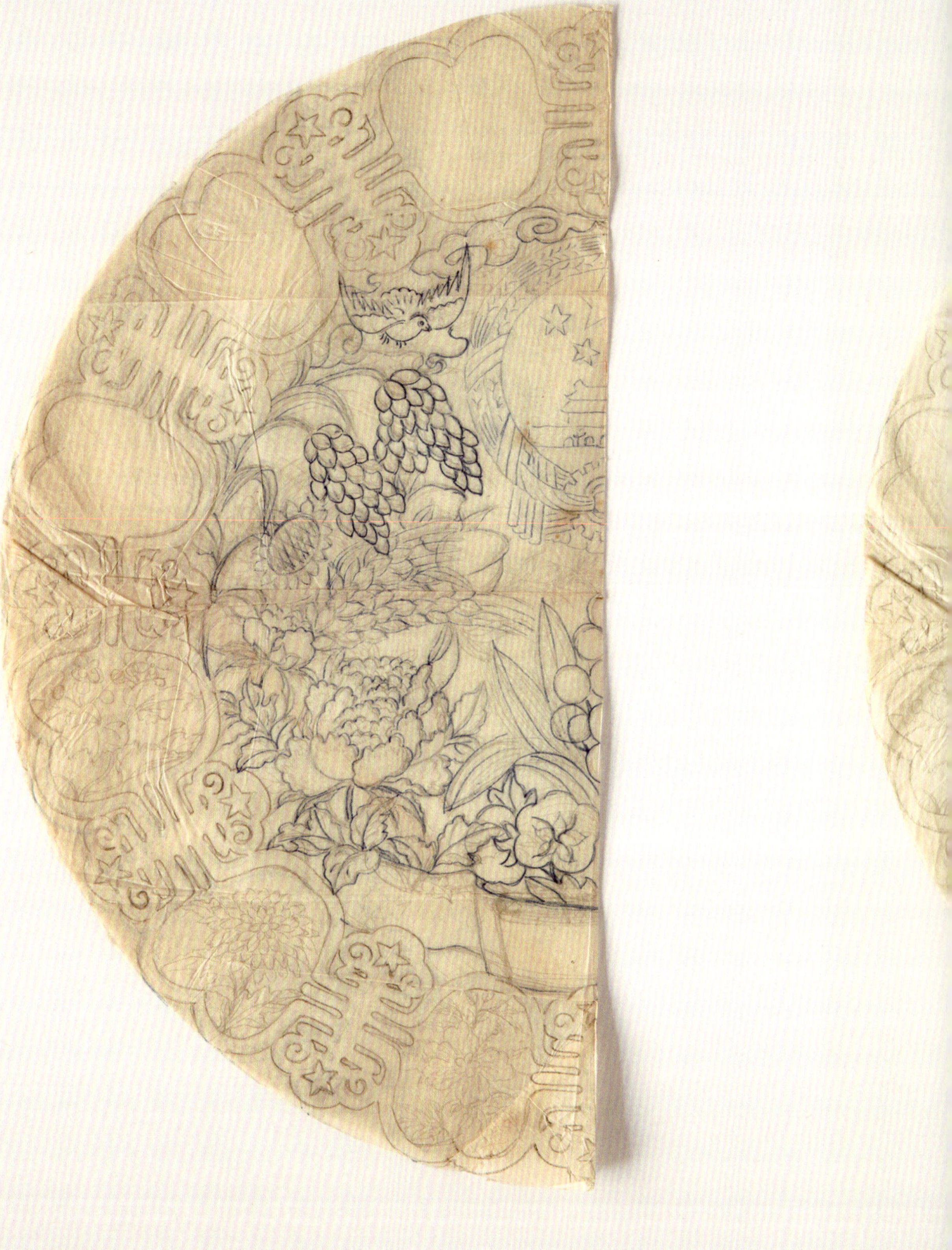

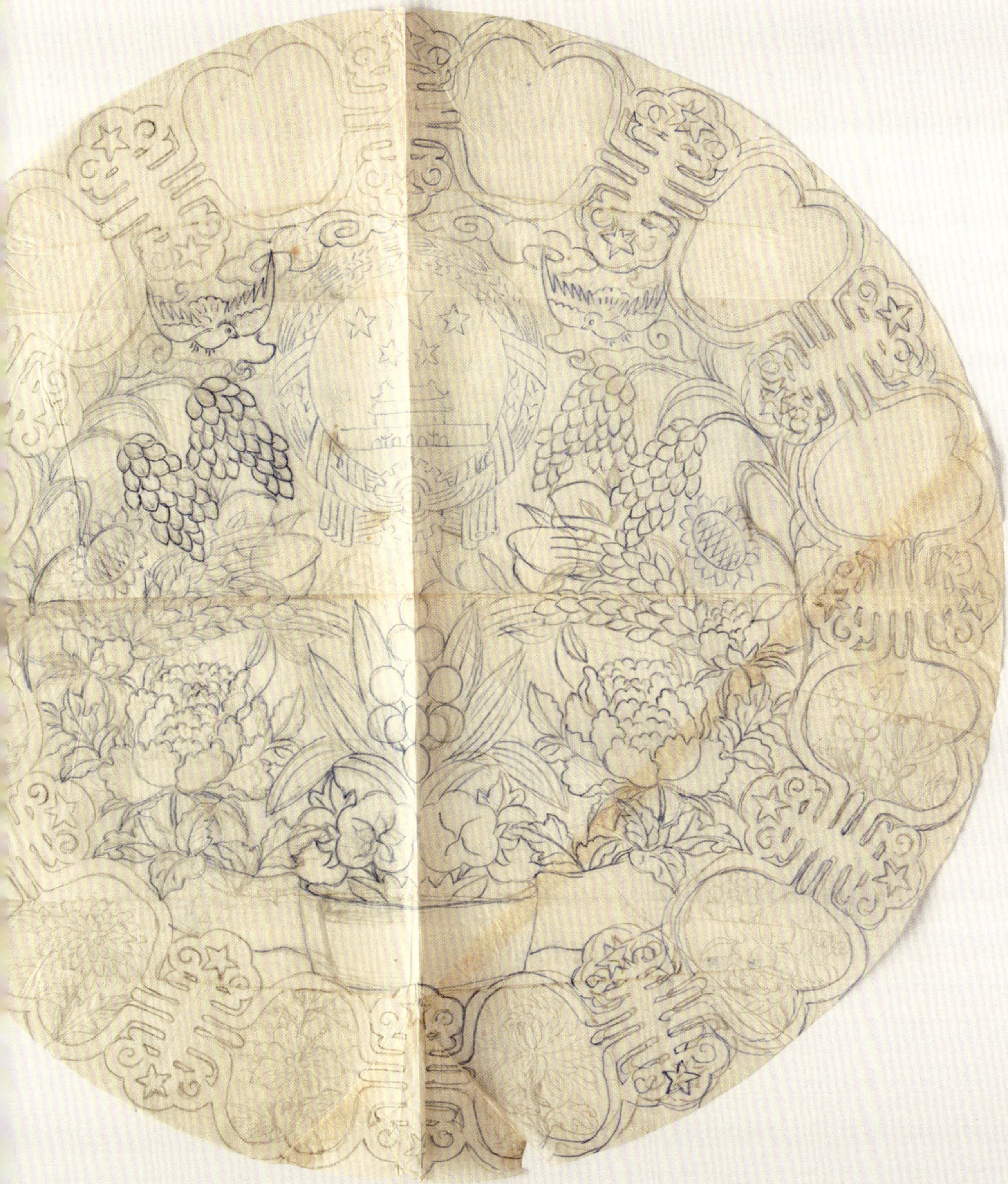

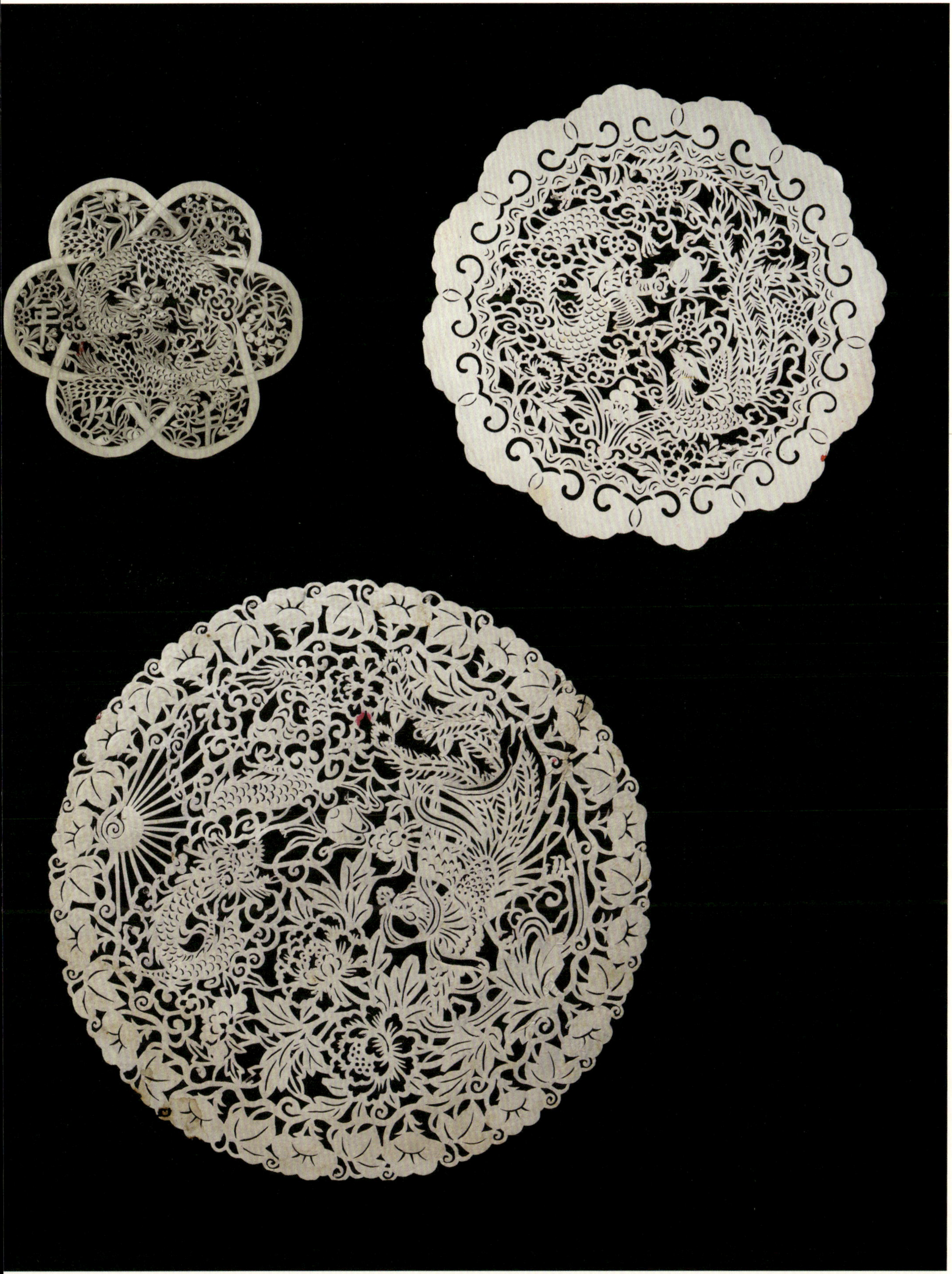

長
健
寿
康

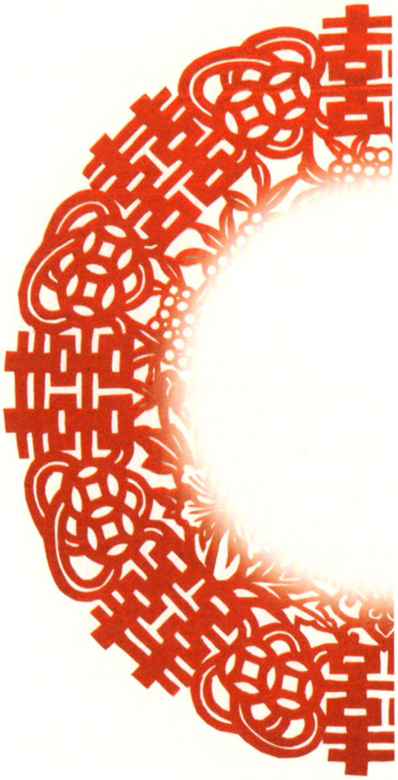

百年
和合

生
十
肖
二

杞菊延年

聪明伶俐

万代长春

富贵平安

第五章

世纪人瑞胡家芝的友谊花絮

一、胡家芝与表弟叶浅予教授

叶浅予、胡家芝合影

叶浅予（1907年3月31日—1995年5月8日），浙江桐庐人，字初萌，中央美术学院教授，长期担任中国画系主任，曾任中国美术家协会副主席、中国画研究院副院长、中国文联委员、全国政协委员等。叶浅予一生在漫画、速写、舞蹈人物画等方面都成就卓著。

1982年，叶浅予在中国美术馆举办了个人画展；曾出版《叶浅予作品选集》、《叶浅予画集》、《叶浅予写生画集》等画册。叶浅予是中国美术界一代宗师，杰出的中国画大家。叶浅予的父亲是胡家芝的四舅，故叶浅予称胡家芝为大表姐。胡家芝小时候曾长住在外婆家，从小就和叶浅予等表弟们一起生活玩耍。又因胡家芝从小喜欢刺绣、绘画、剪纸等，这对比她年幼八岁的小表弟叶浅予影响颇为深刻，他们俩都有着许多美好的回忆，并让后来成名成家的叶浅予铭记在心。

1982年下半年，叶浅予来到江苏省美术馆举办个人画展。还是很早以前在桐庐时分开的表姐、表弟，这次在南京才又见了面，时隔半个多世纪，姐弟俩竟已是头发全都花白的老人了。画展开幕式以后，叶浅予设宴招待自己在南京的家人和胡家芝一家。叶的儿媳还是胡家芝的亲侄女，更可谓是亲上加亲。在这次丰盛的宴会上，大家边吃边话家常，但也忘不了谈艺术的事。叶浅予兴致勃勃地讲到小时候与大表姐一块儿剪戏文的事，说大表姐是自己的启蒙老师。宴桌上两家的成员几乎都是搞美术工作的，气氛也就格外地热烈起来。在一片欢笑声中，胡老对叶老说：你是画得那么好的大画家，竟说我还是你的启蒙老师？哈哈……叶老也笑乐了，说：是啊！今天就是一次迟到的“拜师宴”呀！

两年后，胡家芝的剪纸作品准备出版专集，去信北京请叶浅予写《胡家芝喜花剪纸集》的前言。而叶浅予于1985年给胡家芝专门写来了一封信，以示他一种特殊的情感和真诚的祝贺。（图5-1）信是这样写的：

家芝大表姐：

你也许记得，在你跟随你母亲到外婆家看芦茨戏的日子里，你用五彩手工纸剪糊成戏文里的小旦，并用描花小笔给他开脸，我站在你身旁看得入了迷，心里想，盼望有一天我也能像表姐那样心灵手巧，做个纸菩萨玩玩。不久，我也真这样做了一个，而且扩大了你的手艺，做成生、旦、净、丑几个角色，蹲在八仙桌下，给弟妹们表演自编的戏文。

由于你的启发，喜爱造型的细胞在我身上发了芽。因而，当有人问我什么时候开始学画时，我乐于提起这件事，认为你是我的启蒙老师。你比我大10岁，你那时已是个待嫁的大姑娘，我还是个不满10岁的小娃娃。理所当然，你是我走向艺术的引路人。

1982年在南京见到你，我们都已白发苍苍，然而我们对艺术的追求仍然锲而不舍。你的剪纸艺术早已誉满江南，国家出版社将为你出版专集，你的作品必将培育和催发更多更多的艺术细胞，使之发芽开花。敬祝你健康长寿，宝剪不老！

表弟叶浅予1985年10日于故乡桐庐

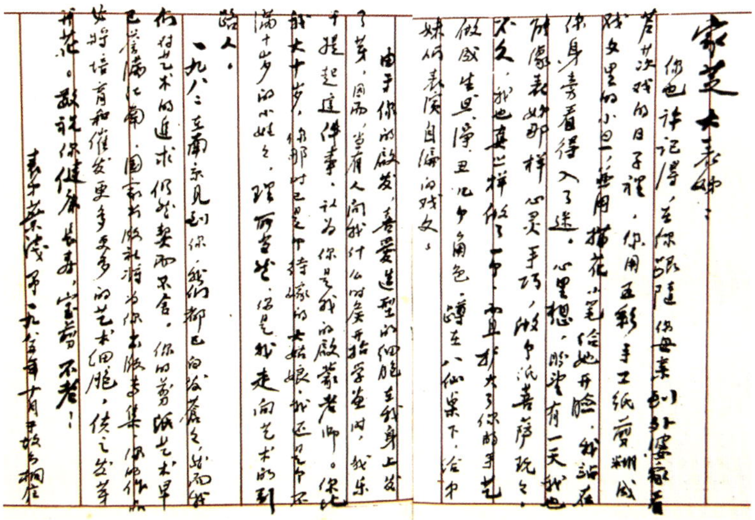

家芝大表姊：

你也许记得，在你跟随你母亲到外婆家看望我们的日子里，你用五彩手工纸剪糊成戏文里的小旦一只，再用描花小笔给她开脸，我站在你身旁看得入了迷。心里想，那几有一天我也能象表姊那样心灵手巧，做个纸菩萨玩玩。不久，我也真正样做了一个，而且胜于大了你的手艺，做成生旦净丑几个角色，蹲在八仙桌下，给中妹们表演自编的戏文。

由于你的启发，喜爱造型的细胞在我身上发了芽，因而，当有人问我什么时候开始学画的，我乐于提起这件事，认为你是我的启蒙老师。你比我大十岁，你那时已是个待嫁的大姑娘，我还只是个不满十岁的小娃娃。理所当然，你是我走向艺术的引路人。

一九八二年在南京见到你，我们都已白发苍苍，然而我们对艺术的追求仍然契而不舍。你的剪纸艺术早已誉满江南，国家出版社将为你出版专集，你的作品必将培育和催发更多更多的艺术细胞，使之发芽开花。敬祝你健康长寿，宝剪不老！

表弟叶浅予 一九八五年十月廿五日于桐庐

图5—1：叶浅予给胡家芝的信（部分）

图5—2：送给叶浅予先生的《健康长寿》剪纸

之后，信以原件的形式作为《胡家芝喜花剪纸集》的“序言”，1989年8月由江苏美术出版社出版时正式公开发表。

1987年，胡家芝没有忘记表弟已喜逢八十大寿，专门为叶浅予剪了一幅精致的喜花《健康长寿》，并让人送去，表示祝福。（图5-2）表姐表弟孩提时代喜爱的美术活动，竟成为了后来美术界的两座艺术丰碑，在现代中国美术史上他们将自己的艺术人生书写成了可敬可佩的名家故事。今天，在他俩的家乡桐庐，政府分别为他们建立了纪念馆，让他们辉煌的艺术成就和卓越的贡献永久地流传。

图5-3：鹤寿图（送给陈师母的祝寿礼物）

二、胡家芝与陈之佛院长

陈之佛（1896年9月23日—1962年1月15日），号雪翁，浙江余姚人，现代美术教育家、工艺美术家、著名中国画画家。1918年赴日本学习工艺美术，也是这一专业的我国第一个留学生，1923年学成回国。后曾担任南京中央大学教授、南京艺术学院副院长、江苏省国画院画师兼副院长、江苏省文联副主席、中国美术家协会理事等职务。

他的著作有《表号图案》、《图案教材》、《艺术人体解剖学》、《西洋美术概论》、《图案ABC》、《图案构成法》、《中国陶瓷图案概观》、《陈之佛画集》等，并主编有《中国工艺美术史》教材。陈志佛是近代中国艺坛与美术教育界非常重要的代表人物，是中国图案画的拓荒者，是提升、发展中国工艺美术的导师。他在中国工笔花鸟画领域里创造了奇迹，赢得了“南陈北于(非阁)”的美誉。他的巨幅作品《松龄鹤寿》被制成双面绣布置在人民大会堂江苏厅。

胡家芝创作有送给苏联教育代表团的礼品剪纸《中苏友好·和平万岁》（图参见第二章图2-14——编者注），陈之佛院长看到这幅作品后十分欣赏，他特别推荐给了南京《雨花》杂志社。同时，自己还亲自写了一篇题为《胡家芝的剪纸艺术》的文章，对胡家芝和剪纸作品专门作了介绍。文章与剪纸一并于1956年6月刊的《雨花》杂志上公开发表。文章说：

剪纸《中苏友好·和平万岁》的作者胡家芝，今年已经60岁了。她自幼喜爱剪纸，几十年来剪过不少喜花，积累了丰富的剪纸经验。她的作品浑厚、朴实、健康，深为人民所喜爱。去年苏联教育代表团来南京访问时，她特地创作了这幅作品，赠送给苏联朋友们，表达了中国人民对苏联人民的深厚友谊。《中苏友好·和平万岁》这幅作品以四季花（牡丹、荷花、秋葵、腊梅）与和平鸽、如意纹样组成了四个角花，寓意季季和平、年年如意，中间的图案以寿字为中心，周围装饰了稻、麦、鸽子和花卉，表示了和平丰收的美好岁月。它不仅具有我国民间艺术的独特风格，也表达了中苏友好持久和平的崇高愿望。

早在国立中央大学时，胡家芝大儿子袁振藻和儿媳妇周春雉都是陈之佛教授的学生。且陈之佛先生的大女儿陈嗣雪与袁和周又皆是同窗学友，后又一起在南京工作。因此，两家常有联系，胡家芝常常翻阅陈先生相赠的画册并非常欣赏，这些画册对她影响很大。陈先生也早知道两位学生的母亲善作剪纸，当他看到胡的这幅新创作的剪纸后，十分赞赏，故专门作了以上的评述。之后往来频繁，陈之佛小女儿结婚时，胡家芝特意剪了一幅《百年好合》的喜花以示庆贺，他们全家一直十分喜欢，至今珍藏着。小女婿李有光教授，在胡老110岁那年也特意撰文“《百年好合》剪纸艺术浅析”，一方面对作品作了高度评价，一方面表示感谢之心。在陈之佛老夫人九十大寿时，胡家芝也再次剪了一幅《鹤寿图》为她祝寿。（图5-3）可见，艺术的心灵总是相通的，艺术家之间的交往总是常常有着一种不同寻常的友情和意义。

胡家芝与陈之佛夫人胡筠华合影

三、王伯敏教授看望胡家芝老人

王伯敏，于1924年出生在浙江台州，1992年被国务院授予“有突出贡献的专家学者”荣誉称号，全国美协推荐其为有卓越成就的美术史论家。中国美术学院教授、美术学博士生导师，我国著名的美术史论家、中国画画家。出版有《中国绘画史》、《中国版画史》、《中国美术通史》、《中国少数民族美术史》、《中国民间剪纸史》等五十余种专著，逾千万字。

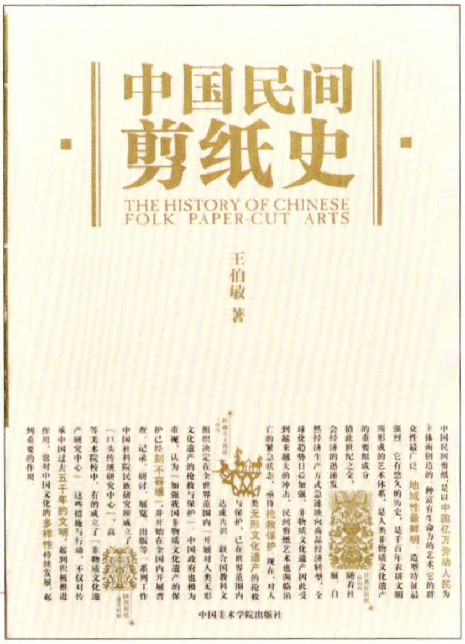

图5-4：中国民间剪纸史

在王伯敏所著《中国民间剪纸史》一书的第七章《近现代民间剪纸艺术家》中，专文介绍胡家芝和她的剪纸作品《双喜团花》以及老人的照片。（图5-4）

图5-5：福禄寿

2006年10月6日，王伯敏曾委托桐庐文化馆原馆长楼一层去南京向胡家芝借展剪纸作品，并亲笔书写《松鹤寿》一幅赠胡老，落款是“台州王伯敏居桐庐大奇山麓”。胡家芝看后非常高兴，也很快剪了一幅如意八结《福禄寿》剪纸，还亲笔签写上了“110岁老人胡家芝剪2006.10.6”文字，托楼转赠给王伯敏教授。（图5-5~图5-6）

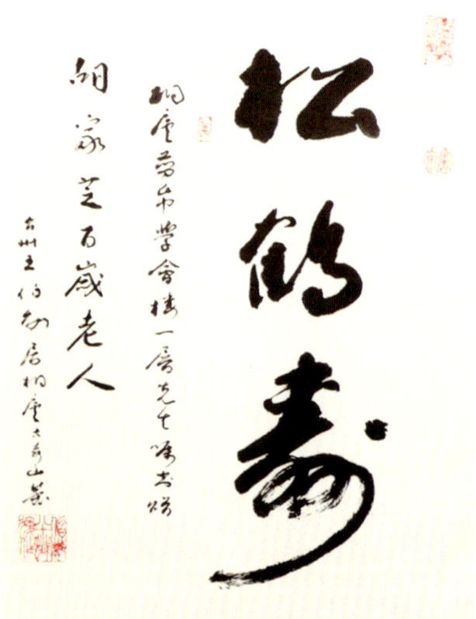

图5-6：王伯敏先生的题字

就在这一年的金秋10月，“首届杭州国际剪纸艺术节”在杭城隆重举办。艺术节期间，桐庐也举办了第二届“神州风韵”全国剪纸大赛，并成立桐庐县弘越文化艺术中心，同时“胡家芝剪纸精品展”在桐庐大奇山王伯敏书屋正式开幕。

王伯敏收到由楼一层带去的《福禄寿》剪纸礼物时十分高兴，立即挥笔写了“龙在其中 一百十岁寿星胡家芝剪纸，丙戌王伯敏题”。这幅题字作为珍贵的藏品，被陈列在弘越文化艺术中心。在展览会期间，艺术中心还将《福禄寿》摹制后作为礼品，送给各方来宾和参观者。

王伯敏先生与胡家芝

有了这样的艺术交流，剪纸成了他俩友谊的桥梁。

事隔两年后的2008年9月9日，身兼中华民族文化促进会剪纸艺术委员会名誉会长一职的王伯敏教授，又专程赴南京看望了112岁的江南剪纸传人——胡家芝老人。陪同前往的有来自北京的全国剪纸协会会长张树贤、全国剪纸协会秘书长周爱军，有弘越文化艺术中心副主任、王伯敏的女儿王萍，以及桐庐县文化馆原馆长楼一层。11日那天，时值中秋佳节。一行五人来到了与老人同住的胡家芝大儿子家中，一起与老人交谈，品赏老人的剪纸作品；还一起共进了午餐，并合影留念。这一活动让胡家芝老人万分感动，她深思之后，为拜访者写下了一纸《中秋嘉言》。（图5-7）嘉言原文被登载在王伯敏编著的《敲锣打鼓》“拜望百岁老人”一文中。这次拜会充分地体现了百年剪纸老人为我国剪纸事业做出的贡献，说明了她在我国剪纸界的影响，故王伯敏教授在书中称胡家芝是“当代中国剪纸艺术的金母泰斗”。这次拜会，也成为了我国当代美术史上的一段佳话，定会相传于后学者，并更深刻地提高人们对我国民间艺术的重视和认识。

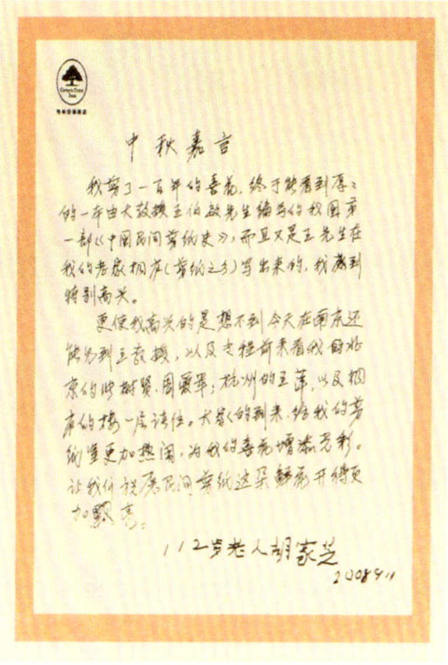

中秋嘉言

我剪了一百年的喜花，终于能看到厚厚的一本由大教授王伯敏先生编写的我国第一部《中国民间剪纸史》，而且又是王先生在我们老家桐庐（剪纸之乡）写出来的，我感到特别高兴。

更使我高兴的是想不到今天在南京还能见到王教授，以及专程前来看我的北京的张树贤、周爱军；杭州的王萍，以及桐庐的楼一层诸位。大家的到来，给我的剪纸室更加热闹，为我的喜花增添光彩。让我们祝愿民间剪纸这朵鲜花开得更加鲜亮。

112岁老人胡家芝

2008.9.11

图5-7：112岁胡家芝《中秋嘉言》

这里，就王伯敏教授为胡老的剪纸作品《福禄寿》书写“龙在其中”的题款，我们不妨来作一番解读：

老人的《福禄寿》剪纸作品用四折纸剪成，在百结、如意的架构中，分别运用象征的图形剪出蝙蝠、寿桃、双钱，来表达丰富多样的寓意。作品尺幅虽小，却十分大气，质朴、精练、简明而富有中国剪纸独特的形式美。

王伯敏先生收到这件特殊的礼物后，所作“龙在其中”的四字题款，其意指的应该就是我国的“剪纸”是牢牢根植于我国广大人民生活中的民间剪纸艺术，是土生土长的中华民族的传统文化。因为，这一古老的文化艺术就是龙的血脉，历史悠久的剪纸恰恰隐喻着龙的史话和传说，因此，剪纸同样是我们民族历史的象征。王老在深入研究中国民间剪纸史的过程中，深深地揭示了它积淀的历史文化价值，并惊叹110岁胡家芝老人剪纸艺术如此长青，在剪纸史上也是一大传奇。胡家芝的剪纸艺术在古今剪纸艺术的浩海中，能获得如此出类拔萃的创新成效，正是因为其作品风格独特，所以人见人爱，在当今的剪纸世界中犹如画龙点睛——剪纸界的“睛”。我们是华夏的子民，都是龙的传人。王伯敏教授敬佩胡家芝的剪纸作品传承了我国民族剪纸艺术的优秀传统文化和华夏子孙龙的精神，由此，他感慨万分，有感而书，通过对《福禄寿》这件剪纸的题字，来深刻地表达创作者和研究者共同为发展中国民间剪纸事业的一种心灵呼唤！

四、军人贺新海对胡老剪纸的十年感怀

贺新海原是在南京军区空军参谋部工作的一名军人，1983年，他在电视上看到《胡家芝剪纸艺术》的专门介绍，当时就被老人一幅幅构思独特、剪技精巧的作品吸引住了，久久地无法忘怀，于是决定前往胡老家登门拜望。当面对这位有着名望、又有高超艺术修养的传奇老人时，他兴奋不已，越发喜欢上了老人家的剪纸。以后贺新海平时一有机会，就会去看望她；每年春节还会带上礼物，给老人家去拜年。而胡家芝老人也总是热情接待他，只要看到他的到来，便亲切地招呼着说："我的解放军好友来了……"2003年贺转业在江苏省机关任职。他所供职的南京机关，与胡老的家较近，于是在长达十多年的交往中，他们竟成了忘年交。有时看到老人在剪纸创作，贺就会坐在老人的身旁，请老人家介绍所剪作品的内容和表达的寓意，而老人家也会滔滔不绝地讲解起来，一老一少像一家人一样。贺新海清楚地感受到如此高龄的老人思想之深、境界之高、爱心之广，这些精神并深深地影响着他，使他受益匪浅。对胡家芝来说，她在许多剪纸作品中也总是会表达对解放军军人的一份友谊，对祖国卫士的一份崇敬，对世界和平的一份寄托。可以说这友情是有着一种令人神会的基因的。胡老逝世后，贺新海写有《心灵手巧　美意延年》一文，感悟尤加。现附记于下：

图5-10：胡家芝与军人贺新海

胡家芝是杰出的民间剪纸艺术家，她从1897年出生到2010年辞世，其间横跨了三个世纪，是少有的百年人瑞和寿星。她的艺术成就让人赞叹不已，她的健康长寿让人充满好奇。人们总期望从她身上找到益寿延年的明确答案。我有幸与她有10多年平凡、平淡、平实的交往，由此谈点肤浅的感悟。

（一）坚持学习，是胡家芝艺术和生命长青的一个重要因素。胡家芝出生于书香门第，从小聪慧好学，有良好的文化素养，是我国较早的一代知识女性。她虽然一生主要是操持家务，抚养子女，但学习从未间断。学习是她跟随时代发展、不断丰富创作的源泉。我看她晚年的房间，极其简朴，一台21寸的彩电，是她看《新闻联播》每日必修的工具。因白内障视力模糊，她由看改为听，也一直从未间断；一张小桌子，一把藤椅，桌子上经常放着一份《参考消息》、一只放大镜。她坚持订阅《参考消息》，这是伴随她几十年的读物。她手持放大镜，慢慢看完其中内容，了解国家和世界大事，从中把握不同时期应该构思创作的艺术作品。因此，她始终站在时代潮头而不落伍，艺术风格清新脱俗；也因此，她虽然成天足不出户，宅在室内，而在接受采访中能迅速与采访者融入其中；也因为她乐于与别人交流，注意汲收亲朋好友的智慧，因而始终保持了清醒的头脑和丰富而又敏捷的思维。

胡家芝与军人贺新海

（二）酷爱剪纸艺术，一生创作不断使她保持了持久旺盛的生命力。1999年8月25日，胡家芝老人已经103岁了，我去拜访，恰逢她在设计庆祝新中国成立50周年的一幅作品，正用铅笔在画纸上构思图案。我请她介绍作品意境，她眼睛一亮，马上娓娓道来，新中国成立50周年是中华人民共和国的大庆之年，她以万年青衬托上庄严的国徽，上面再冠以“1949—50—1999”字符，两边冠以“国富民强”，象征祖国欣欣向荣、走向富强，人民幸福安康；中间龙凤呈祥和下方盛开的国花牡丹，表现祖国繁花似锦，繁荣昌盛；作品圆形无边框，表示圆融和寓意祖国万寿无疆。她以民间剪纸艺术的丰富、生动语言，表达了对祖国的深情厚意和深沉热爱。她告诉我，一周时间里可以完成。我请她多制一份给我作纪念，她欣然应允。此作品一共剪了三张，一张在中央电视台邀请参加“国际老年人年”晚会上赠给主办单位，一张送我，另一张为家人收藏并合影留念。这幅作品在1999年国庆期间的《人民日报》、《南京日报》等多种报纸上发表。(图5-8)我每次去她家，她几乎都有新作问世，题材大到国家重大节庆，小至亲朋好友的喜事，她都饱含深情地用传统剪纸艺术形式表现出内心的礼赞或祝福及喜悦之情。剪纸是她的精神支柱和情感寄托，她一剪就是百年，其作品既包含了民间传统，更升华了丰富的文化内涵。更可贵的是，百岁以后她视力听力逐年下降，还凭借顽强的毅力，不断追求、坚持创作，一次次突破了剪纸创作年龄的上限，登上了美好心灵的巅峰。

图5-8：庆祝新中国成立五十周年剪纸《国富民强》

(三)关心他人，富有爱心，永葆了她生命的勃勃生机。我每次见到胡家芝老人，她总是笑脸相迎，笑声不断，乐呵呵的，充满着亲近、开朗、慈祥、随和。她有时讲一句："我的解放军好友来了，请坐！"朴实无华的话语，使我十分温暖。落座后，她总是嘘寒问暖，深切地关心我方方面面的情况。

2003年，我申请转业，在陪同肖平老师去拜访老人时，我把这一情况告诉了她，没想到她一直记挂我的工作安排事宜。那是2004年，春节期间，我去给老人拜年。让我始料未及的是，见面第一句话她就问我："工作安排好了吗？"

我一时还未反应过来，袁振藻老师重复道："我母亲在问你转业工作安排落实了没有？"一位108岁的老人，居然把我这件事牢记在心，见面第一句话就关切地询问，使我惊诧、感动不已。以后多年，一想起此情此景，让我顿悟：爱心延年，关爱他人可以得愉悦、调身心、促健康，胡家芝老人就是真实的写照。

(四)不懈劳作，是胡家芝老人一生保持机体协调灵活、耳聪目明的延年法宝。年轻时，胡家芝老人承担一大家子的繁重家务，年老以后，也一直坚持力所能及。2002年初秋的一天中午，我和夫人顺道去看望老人，敲门不见室内动静。正准备离去时，门开了，开门的不是别人而是胡家芝老人，进去一看，家中只有她一人，而此时她正在厨房里忙着剥西红柿下面条。经了解，原来袁振藻老师因事外出，赵瑞英保姆也因事回了家，106岁老人正忙着自己的中餐，这让我夫妻俩惊叹不已。如此高龄，还能亲自动手，以动养身，让我佩服之至。

还记得有一天，我和袁振藻老师坐在胡家芝老人的卧室里闲聊，看见她的床头柜上放着一只铝锅和一副碗筷，我顿时发生兴趣，问道："这是干什么的？"他告诉我："我母亲有一个习惯，早餐多年来都是自己亲手做，用这只铝锅，用半两燕麦片和一个鸡蛋在一起，再加点枸杞子或红枣或芝麻核桃粉煮蛋花羹，再用一匙蜂蜜拌匀了吃。"老人这一自己动手的习惯一直坚持到2006年她近110岁后，才因一次小恙在家人阻拦下而停止。生命在于运动。良好的生活习惯是长寿的基础，这在胡家芝老人身上得到了最好的诠释和体现。

五、一名解放军女军官的来信

在总后勤部工作的王春，喜欢收藏民间艺术品——特别是剪纸。这位女军官从媒体上看到关于剪纸艺术家胡家芝的报道，对老人十分敬佩。为此她慕名赶到胡家芝的故乡浙江桐庐去寻访，当得知胡家芝老奶奶早已定居江苏南京后，王春于2003年又专程来到南京，终于在胡家芝家中见了面。在无比激动之余，她也收藏到了胡家芝老人的作品。

王春来访合影

2004年1月19日，王春给胡家芝写了一封热情洋溢的信，同时请老人设计剪一幅“纪念中国人民解放军建军80周年”的喜花剪纸。胡家芝对解放军有着一份特殊的感情，她的第三个儿子在中国人民解放军服役30余年，直至1995年才转业。因此，老人欣然答应了这一请求，同时还专门剪了一幅《健康幸福》送给王春作为新春祝福。（图5-9）此后，老人通过认真的构思，设计了许多方案，最后于2006年3月完成了《庆祝建军80周年》的剪纸作品。

图5-9：赠送给王春的剪纸《健康幸福》

2007年7月13日，在中国人民解放军总后勤部礼堂，由总后勤部政治部、总后勤部军需物资油料部共同主办庆祝中国人民解放军建军80周年活动，“金戈铁马：王春民间艺术品收藏展”也同时开幕，胡家芝的剪纸被放在了展室中十分显眼的位置。老人家的剪纸作品还被编选进了《金戈铁马：王春民间艺术品收藏展展

品集萃》,(图5-10)由出版社正式出版。下面附王春来信中的文章一篇:

感受民间剪纸艺术的魅力

——记百岁剪纸艺术家胡家芝奶奶的人生观

2003年,因寻访剪纸之乡,我和上海的朋友梅维红来到浙江桐庐文化馆,正巧老馆长楼一层在馆里,满头银发的他热情好客,特别是他对剪纸艺术传播的韧劲感染了我们,他详细介绍了现定居南京的桐庐百岁老人胡家芝的情况,随即又带我们拜访了谢玉霞老师。之后,有了楼老馆长的点拨,我们又赶往南京。在见胡家芝老奶奶之前,已经了解到她常年看《参考消息》、中央电视台国际频道,设计制作了多幅歌颂祖国和人民的好作品,这也是她区别于其他民间剪纸艺术家最大的特点;她还乐善好施,从不收取设计费用,被大家誉为"活菩萨"。以往我们到乡下拜访民间老艺人,因多数生活在偏僻、不富裕的地区,我就买一些奶粉、肉等营养品看他们;胡奶奶生活在城市,送什么礼物好呢?我们商量后决定送老奶奶一束粉红色百合花,祝愿这位像美丽的百合花一样漂亮的老奶奶健康长寿、子孙和睦幸福,同时也祝愿我们的祖国繁荣昌盛。虽然有楼馆长的介绍,但还是有些忐忑,可是在见到这位与时俱进、与国家同呼吸、共命运、慈祥的老奶奶时,只剩下激动和兴奋了。特别是她看到我穿了一身军装,更是喜笑颜开。原来她的三儿子是新中国培养的第一批飞行员,曾参加过抗美援朝和国庆阅兵。她对"当兵的人"颇有好感。此时的我也为自己是一名军人而备感自豪了。

图5-10:《金戈铁马:王春民间艺术品收藏展展品集萃》

2004年春节前夕,我非常荣幸地收到奶奶的一幅剪纸——团花图案的"健康幸福"。老奶奶的大儿子袁振藻教授在信中告诉我是老奶奶特意为我设计并制作的。她在讲解这幅剪纸的设计含义时说:整体造型为内方外圆,其含义是做人要正直、勤奋,与人相处要宽以待人、团结同志。外圆12个如意里有12种花卉和果实,百花齐放,硕果累累,是希望每年的12个月都能"开花结果",开生活幸福花,结工作的硕果。能得到老奶奶的偏爱,我既激动又备感压力。在接触并喜爱上民间文化艺术的这些年里，我深深地体会到作为在日常生活中激励人民积极进取、内含健康的生活情趣、提升人的思想境界的民间文化艺术，它是和谐文化的具体体现，更是先进文化的组成部分，在对青年官兵进行思想道德教育、激发民族自豪感、弘扬民族精神、继承传统美德等方面都具有现实的社会意义。想到这里，我怀着忐忑不安的心情想请奶奶为建军80周年设计并制作一幅剪纸。因为老奶奶年事已高，我生怕给她增加负担，可老奶奶却说："不是还有两年多的时间吗，我现在反应慢，需要时间思考，来得及。"

虽然老奶奶的手、眼不再像百岁前那样利索，剪纸不再那般细腻，但老奶奶的思想、精神、祝愿一点不比当年逊色，她在110岁高龄的情况下亲自设计并制作了祝福的喜花，表达自己的爱国情怀和对军队无限热爱。剪纸由三层团花构成，中心部分展现了长城般的军队在接受祖国的检阅；第二层次表现在长城般军队守护下的祖国繁荣昌盛、花团锦簇、风调雨顺、国泰民安，祝愿祖国万年长青；最外一层是我们的国家和军队一贯奉行的和平万岁原则，和平鸽在祖国、世界的天空中自由翱翔。全图充分表达了军队长青、祖国万岁、世界和平的美好祝愿，既有传统文化的精髓，又展现了独特的时代特征，是一幅难得的佳作。

这幅作品成为2007年总后勤部庆祝建军80周年"金戈铁马：王春民间艺术品收藏展"展览的请柬图案并展出，获得参观官兵的一致好评。（图5-11）作为人民共和国的军人，当我们伫立在这样的作品前，怎能不从心底里涌出涓涓热流！为了祖国母亲，我们怎能不努力学习、刻苦训练，真正做到"打得赢、不变色"，完成党和人民交给我们的光荣使命！

一幅剪纸，寄托了人民的无限期望。缅怀奶奶的同时，我们也要学习奶奶一生做人正直、豁达，勤奋、努力，积极、向上的人生观。

王春来信中还说：奶奶热爱祖国的情怀一直在我的脑海里挥之不去，她的大情怀、大胸怀、大境界是我见过的所有剪纸艺术家不可比拟的。

图5-11："金戈铁马：王春民间艺术品收藏展"请柬

为剪纸爱好者做示范

指导剪纸爱好者

六、工人张亚平喜爱胡奶奶的剪纸

2009年春天从安徽宿州来了一位叫张亚平的人，她是一位普通工人，十分喜爱剪纸。她在电视上看到胡家芝老奶奶的剪纸艺术后对老人十分崇拜，就特地从安徽来到南京，找到了胡家芝的家，还带上了她自己剪的各式各样的蝴蝶，赠送给老人。到胡家芝老人家中后她当场剪起花样来，向老人请教，请求老人家能多指导她。虽然素不认识，但胡家芝看到她爱好剪纸的劲头，非常热情地招待了她，并送给她一幅剪纸作品，鼓励她坚持剪纸的爱好，使张亚平高兴而来，开心而归。

和留学生交谈

七、外国留学生喜爱胡奶奶的剪纸

南京大学民俗艺术研究室主任、原中国民间剪纸研究会常务副主任兼秘书长陈竟教授，曾带领外国留学生来到胡家芝的家，拜访这位剪纸艺术家老奶奶，请她讲剪纸的艺术人生，在剪纸这一话题上大家谈得很热烈。临别时，有位留学生提出要买胡奶奶的剪纸作品。胡家芝说："我的剪纸不卖钱的。"之后便选了几张送给这些学生留作纪念，离别时留学生们都仍兴致未了，恋恋不舍。陈竟教授曾在撰文中称誉胡老为"当代剪纸艺术的金母泰斗"。

八、家乡的情谊涓涓流长

楼一层，1984年时任桐庐县文化馆党支部书记、馆长，副研究员，兼任桐庐县文联副主席、县政协书画协会副会长等。楼一层为了桐庐民间剪纸事业的发展，长期不辞辛劳，从事剪纸艺术的挖掘、保护和开发性工作，成绩斐然。他在浙江省非物质文化遗产保护工作中取得了很大成绩，并被评为浙江省“十大媒体关注人物”。

楼一层与胡家芝合影

1988年10月6日，楼一层因为编写《桐庐县志》，在收集整理相关文史资料时，需要寻找清代书法家胡传泰的有关材料，于是奔赴南京，对定居在南京的胡传泰大女儿胡家芝进行采访。在这次采访中他了解到胡家芝已是著名的民间剪纸艺术家，并对胡家芝的剪纸作品惊喜不已，十分钦佩。从那时起，他一直向家乡人民介绍和宣传胡家芝的剪纸艺术，并往返于桐庐和南京两地，为胡家芝剪纸在家乡的传播起到了非常重要的桥梁作用。楼一层的不懈努力和积极协调，使胡家芝的剪纸艺术得到了家乡政府的支持和关怀，为胡家芝老人实现了多年企盼的家乡亲、亲家乡的心愿。

图5-12：赠楼一层的剪纸

由于剪纸的情缘，楼一层与“富春江畔金凤凰”胡家芝有着20多年的友谊。他在研究胡家芝剪纸艺术的文章中认为胡家芝是“一位实现了人生生命的超越、实现了剪纸艺术的超越、实现了人生价值超越的老人”。他撰文在《文化交流》杂志、《桐庐报》、《浙江老年报》、《中国剪纸观察》等发表专题文章，高度评价胡家芝剪纸的杰出成就。胡家芝的故居被修缮建成“胡家芝剪纸艺术馆”，更有他不可磨灭的功绩……胡家芝老人也十分赞赏儿女辈的家乡“父母官”的为人和品格，并于2006年特意剪了一幅《福寿双全·事事如意》的传统新喜花送给他作为留念。（图5-12）关于胡家芝与家乡桐庐之间的部分事件一并附录于下：

1989年，《胡家芝喜花剪纸集》由江苏美术出版社正式出版。同年9月26日，胡家芝向桐庐县文化局赠送剪纸集500册、喜花作品20幅及有关音像资料，并举行赠送仪式。同时，桐庐县文化局赞助其剪纸集的部分出版经费。

2001年7月，桐庐县政协副主席胡之景、桐庐县文化馆馆长何景、桐庐县文化馆原馆长楼一层、女儿村民俗文化园总经理裘志晓、浙江群艺馆干事赵月及县电视台记者一行

桐庐老干部看望胡家芝

六人赴南京拜望胡家芝老人。胡老为桐庐女儿村筹建桐庐民间剪纸艺术馆提供作品，并受聘为名誉顾问。

2005年9月，楼一层、胡之景、桐庐县原政协主席李锡元、老干部局副局长马珍仙一起到宁为胡家芝祝寿，并带去了浙江省文化厅颁发的“浙江省剪纸艺术终身成就奖”证书。

2006年，桐庐老干部剪纸协会会员十多人赴南京拜望胡家芝，进行剪纸创作交流活动，并互赠剪纸礼品。（图5-13）

图5-13：桐庐老干部剪纸协会赠送的剪纸

2006年，桐庐县建造大型剧院，大厅文化墙上采用了桐庐籍百岁老人胡家芝的《喜上眉梢 龙凤呈祥》作装饰，画面经胡家芝亲自几次修改后定稿，最后由河姆渡雕刻艺术馆用铜雕形式精制而成。

2008年6月，桐庐县委常委、宣传部长吴玉凤、县文联主席董利荣、县信息传媒中心主任赵雄军、县文联综合科科长缪建民、县剪纸艺术家协会顾问王萍，以及县电视台记者于烈火、《今日桐庐》报记者陶元等，专程赴宁看望老寿星。

桐庐垂云通天河是国家AAAA级旅游区，特聘胡家芝为景区形象大使，并在特别印制的中国邮政贺年有奖明信片上印

图5-14：贺卡介绍胡家芝剪纸

制胡家芝肖像、简介及剪纸作品三幅，并题有"今有幸聘得一百十一岁寿星、艺星、福星胡家芝女士为'形象大使'，承运托福，总经理率全体员工向您贺岁祝福，恭贺平安吉祥"等文字。（图5-14）2007年，富春速8酒店建"百岁老人胡家芝剪纸艺术廊"，除特制铜匾外，休息室内挂胡家芝的照片和剪纸复制品。

桐庐大奇山成立弘越文化艺术中心，同时举办了胡家芝剪纸精品展。

2002年，由楼一层向有关部门书面提出了《关于修缮桐庐文化名人胡家芝故居并建为胡家芝剪纸艺术馆的建议》。

2008年，县老干部剪纸协会会长王珊玫筹划将胡家芝故居办成剪纸活动室，报告南门社区后，得到社区书记宋丽和县委宣传部的重视，在文广新局、财政部等相关部门的共同努力配合下，正式决定修缮胡家芝故居，筹建胡家芝剪纸艺术馆。

2009年，胡家芝剪纸艺术馆建成。

第六章

永远的怀念

胡家芝
2009

一、唁电民间剪纸艺术家胡家芝

1. 中国共产党桐庐县委员会、桐庐县人民政府

胡家芝先生之家属：

惊悉胡家芝先生高寿仙逝于南京，故乡桐庐全县上下同感哀痛和不舍！谨向先生的突然离去表示沉痛悼念，并向先生的各位亲属表示真切慰问！

先生自幼心灵手巧、聪慧好学，在剪纸艺术舞台上剪耕不止、驰骋百年，其剪纸作品造型简洁、构图精巧，色彩单纯热烈，乡土情怀深厚，蕴含着乐观进取、热爱生活的人文精神，无愧于当代中国剪纸艺术“金母泰斗”之誉，更为民间剪纸艺术的传承与发展做出了巨 大的贡献。

千载歌绝艺，百岁折金刀。虽然德艺双馨的胡家芝先生已仙游远去，但先生毕生倾注于发扬光大民间传统艺术的传奇人生和崇高精神，必能激励全县广大艺术工作者赓续先生之老，为我县文化名县的建设和文化艺术的繁荣而努力奋斗。

中国共产党桐庐县委员会 桐庐县人民政府

2010年3月25日

2. 中华文化促进会剪纸艺术专业委员会

袁振藻先生:

惊悉我国著名剪纸艺术家、德艺双馨的胡家芝百岁老人仙逝，感到无比悲痛。我代表全国剪纸艺术家向您和您的亲属表示最沉痛的哀悼! 作为中国年岁最大的剪纸艺术家，世纪老人胡家芝，用剪纸艺术为人类非物质文化遗产做出了杰出贡献，亦为自己塑造了光辉的一生，受到了人们的尊敬和爱戴，这是我们剪纸界 的光荣!

胡家芝老人为中国剪纸艺术的传承和创新整整奋斗了一个世纪，她的名字将永远载入中国的剪纸史册，巨星陨落，风范长存。胡家芝老人及其艺术精神永存!

中华文化促进会剪纸艺术专业委员会

张树贤 于北京

2010年3月24日

二、挽辞民间剪纸艺术家胡家芝

胡家芝先生的各位亲属、好友:

今天，我们在这里怀着沉痛的心情，送别我国剪纸艺术杰出传承人胡家芝先生。我谨代表浙江省文化厅，对胡家芝先生与世长辞，表示沉痛哀悼！对胡家芝先生的亲属表示深切的慰问！我第一次知道胡家芝先生的名字，是在2004年。那一年元宵节，浙江省文化厅会同有关部门在桐庐县举行“神州风韵”中国民间艺术之乡剪纸邀请赛暨“十大神剪”命名授牌活动。胡家芝先生名列中国“十大神剪”之首。桐庐人民为富春山水滋养了这么一位杰出的剪纸艺术家而感到骄傲，为富春山水滋养了这么一位盛世人瑞而感到骄傲。

之后，我逐渐了解到更多关于胡家芝先生的传奇人生，深深为之感怀和感动。胡家芝先生，是我省桐庐剪纸艺术的奠基者和杰出代表性传承人。这些年来，桐庐剪纸声名鹊起，异军突起，很重要的一个方面，桐庐剪纸有历史的文脉相传，有以胡家芝先生为代表的老一辈杰出的剪纸艺术家，他们影响和带动了桐庐剪纸艺术的传承和发展。今天，桐庐剪纸形成了具有相当规模的剪纸后起之秀和创作群体，打响了品牌，在我省乃至全国具有广泛的影响力。

胡家芝先生，一生充溢着爱乡爱国的情怀。家乡秀丽的山水风光，淳朴的风土人情，小时候观看民间戏曲，都成为她一生中剪纸创作的生动题材。她更是始终关心国家大事，时代的新鲜内容激发着她的创作灵感，每逢重大事件，老人都会精心设计一幅剪纸作品作为纪念。1959年，她精心设计创作了剪纸作品《祖国万岁》，讴歌新中国建设的第一个十年。1995年，她把《丹凤朝阳》献给第四次世界妇女大会；1997年，她用大型剪纸《普天同庆》喜迎香港回归祖国；1999年，她用《国富民强》来祝福新中国成立50周年，用《喜迎回归》来欢庆澳门回归祖国怀抱。我从报上看到，刚刚过去的3月8日，胡家芝先生还和小女儿共同创作完成了一幅庆祝国际三八妇女节100周年的剪纸作品。翻看老人的剪纸作品，就像掀开一部共和国的大事记。

胡家芝先生，有着执着追求和孜孜不倦的精神。她10岁左右就开始剪纸，一剪就是百来年。她长期钟情于、耕耘于民间剪纸艺术，居然在百岁高龄依然从事着民间剪纸的创作。她创作的许多作品，主题突出、篇幅宏大、内涵丰富。她的作品技艺精湛，风格独到，代表了江浙剪纸艺术的最高水平。

鉴于胡家芝先生的不凡的人生经历、高超的艺术造诣和艺术成就，浙江省文化厅专门发文决定授予胡家芝先生为“浙江省非物质文化遗产项目（剪纸）荣誉传承人”称号。3月11日，浙江省文化厅领导专门赴南京看望胡家芝先生，并送上“荣誉传承人”称号证书。3月12日，《浙江日报》文体版头条位置以“跨越百年的剪纸人生”为题，报道了胡家芝先生不平凡的人生和剪纸艺术追求。

我们万万没有想到，仅仅过了十多天，胡家芝先生竟然离开了我们。她走得那么突然，但是她走得又是那么安详。胡家芝先生是非物质文化遗产传承人中的杰出代表，甚至可以说，她是我国乃至世界民间艺术史上的一个奇迹。胡家芝先生的事迹感人至深，精神催人奋进。她无愧于“浙江省非物质文化遗产项目（剪纸）荣誉传承人”这一光荣称号，是广大非物质文化遗产传承人的优秀典范。

今天，胡家芝先生走了，我们将永远怀念她，以她的精神激励和鼓舞我们，把我省的非物质文化遗产保护事业进一步推向深入，以更加出色的成绩，告慰胡家芝先生。

浙江省文化厅 王淼

2010年3月27日

三、悼念民间剪纸艺术家胡家芝

各位来宾:

今天，我们怀着十分沉痛的心情，在这里悼念我国杰出的民间剪纸艺术家胡家芝老人。胡家芝1897年出生于浙江桐庐县，自幼心灵手巧，善刺绣、绘画，更精于剪纸，是当地远近闻名的剪纸能手，被大家赞誉为“福星”。

胡家芝1952年迁居南京，新时代、新生活，赋予她的剪纸以新的内容和形式。五六十年代创作的优秀作品《百花齐放向太阳》、《祖国万岁》、《四合如意》等受到了陈之佛等专家的高度评价，其表弟叶浅予先生对她的作品倍加推崇，尊她为启蒙老师。

20世纪80年代以后，她的剪纸艺术达到了新的高度，面对祖国日新月异的变化，她满怀喜悦，先后创作了《万象更新》、《美满人间》、《丹凤朝阳》、《普天同庆》、《国富民强》、《百寿图》等一批精品。1989、2006年分别出版了《胡家芝喜花剪纸集》、《百岁剪纸艺术家——胡家芝剪纸作品集》等书籍。作品多次参加省、市及全国展览并获大奖。

胡家芝的剪纸淳朴优美，喜气洋溢，既有江南民间剪纸的特色，又有鲜明的个人风格。丰满、浑厚、朴实、典雅、生动、俊秀，给人以喜气洋溢的审美情趣。张道一教授在《家芝老人剪纸展祝辞》中这样写道:“她创造艺术，愉悦了别人，也充实了自己……因为内中蕴含着一种朴实浓厚的乡土情感，体现着乐观进取的民族精神。”

胡家芝老人跨越了三个世纪，一百年来，她凭借手中的一张红纸、一把剪刀，记录了共和国发展的历程，反映了她对生活的真实情感和美好祝愿，为我国江南传统剪纸艺术的继承和创新，为南京市的文化建设做出了杰出的贡献。2005年，南京市政府授予她“终生艺术成就奖”。

家芝老人虽已驾鹤仙去，而她的艺术和情操将永驻人间。我们永远怀念她!

南京市民间文艺家协会副主席 杨天麒

四、缅怀胡家芝老人的纪念文字选辑

1. 记母亲胡家芝创作的最后一幅剪纸

袁振洪

2010年3月8日是“国际劳动妇女节”100周年纪念日。2010年1月中旬，南京市妇联约请民间剪纸艺术家胡家芝老人剪一幅“迎接三八、庆祝一百周年”的剪纸作品。(图6-1)我妈妈像以往一样，十分乐意地接受了这个创作任务。但已高达114岁的她，常需卧床休息，由于年老体弱，她也确实感到自己有些力不从心了。于是她就写信告诉我，她很想创作这幅庆贺纪念“三八”一百周年的剪纸作品，要让我帮忙，与她一起合作。我接信后就立即打去电话，表示一定好好协助她完成这个重要的创作，并积极地进行了准备。对于这样一个任务，我坚信她是一定想要完成的。因为我了解妈妈的心思，知道她自己身为妇女，一直十分尊重妇女、敬佩女子，并且喜欢用她的作品去歌颂妇女，常为实现妇女的美好愿望而充满着无比的热情。

图6-1：庆三八100周年 (2010)

另外，我妈妈对别人请她创作剪纸作品总是有求必应，别人的需要对她说来就是自己的一种奉献，故从来没有让人失望过。何况这次是妇联出题，为庆祝“国际劳动妇女节100周年”的专题性庆典剪纸，无论如何她都会竭尽全力地去创作。

第三，她情系剪纸事业一辈子了，视剪纸如生命，如今虽老弱体衰，但对事业长期执着不挠的精神丝毫没有减。

第四，对这一题材，她有丰富的创作经验，有特定的构思和表现方式；她对“三八妇女节”有着一份特别的情怀。因此，我想我妈妈体力上有困难，我就应尽力与她合作，协助她来完成这一任务。于是我很快又给她详细地回了一封信，表示利用这次机会，要更好地向她学习。她看信后感到格外高兴，竟催我马上去南京。

我母亲从20世纪50年代起，一直非常重视“三八妇女节”，她说这是属于自己的节日。在这样的节日里，她时常会精心设计、用心剪出一幅幅剪纸来。例如1960年“国际妇女节”50周年时，她创作的《养猪光荣》曾参加全国性的展览会，还被选送赴波兰进行展出。以后又创作了《三八如意》、《三八祝愿》等喜花类的作品。尤其是在1995年9月，联合国第四次世界妇女代表大会在北京召开时，我母亲心情特别激动，专门设计创作了一幅精致的《丹凤朝阳》剪纸，让人寄给了代表大会，以示衷心祝贺。“丹凤朝阳”是我国民间艺术广为流传的传统题材，但这次又被她赋予了新的内容：以凤代表女性，用会徽象征太阳，取华表来示意召开这次大会的国家和地点；将牡丹、和平鸽、长城巧妙地组合一起，又表达出了全世界永远走向和平、中华民族也走向繁荣富强的美好愿望。在作品中采用“女性、平等、发展、和平”的文字语义效果，突出地点明了这一届大会的鲜明主题。显而易见，她对妇女心灵的理解，对妇女权益的尊重，对女性事业的赞美，对美好生活的颂扬，都在这方寸大小的红色剪纸作品中被清晰地表达了出来，充分地体现了她为此次“妇代会”作剪纸创作的意义。

她的这种创作思想和艺术思路，都在新时代的作品中得到更好的贯穿和体现，这次也不例外。由此，几经商量和讨论后，我明白了她的切实意图，在她的具体指导和安排下，草稿也就很快地画出来了：作品中依旧以三只凤凰代表妇女美丽的化身，中间突出一个特大的百吉图案，借此深化了寓意，主题也更加明确。这一幅喜庆“三八”妇女节的专题性剪纸作品，还以吉祥的万年青、在白云蓝天中自由飞翔的和平鸽，代表着全世界妇女们的衷心希望能在气象万千、世界和平的环境中自由、幸福地生活。同时，这万年青和鸽子还深刻地表达了我母亲歌颂“和平万岁”的永恒信念。作品在圆寿字的中间写上“100”这个数字，用来点明是国际妇女节一百周年的伟大寿庆，也是世界妇女奋斗了百年的特大喜日，她们共同迎来了遍地盛开的鲜花，生活在无比美满的阳光下。因此，作品依旧采用了花中之王——怒放的牡丹，这一切都充分地表达了我母亲心中最美好的愿望。在形式上，作品又取椭圆形的外形来象征地球、代表全世界。就这样，经过日夜的剪制，终于在“三八节”前，我和妈妈合作顺利地完成了这一幅为庆贺这个重大节日而创作的剪纸作品，这也是她剪纸生涯中的最后一幅作品。

在整幅作品完成前，我妈已住进了医院。在医院里，当我把完成后的作品拿给她看，问她我俩合作得如何时，她仔仔细细地看了以后抬起头来，竖起了大拇指，微笑着频频点头，示意着说，是这样、是这个意思！我也高兴地笑了。在这幅剪纸创作中，我领会到了她那热爱剪纸的意愿和思想，学到了她剪纸艺术表现的点点滴滴技能；也再一次让我感受到了无限的母爱，感受到了艺术所需要的美好理想和追求。今天，这幅作品已成为了我和我的家人们最后也是最有意义的永久的一份纪念。

2. 胡家芝奶奶，家乡人民永远怀念您

楼一层

2010年3月23日，您用完中餐后，安详地走了，走完了114年不平凡的人生路。

1897年2月26日，您生于桐庐书香门第的胡家，此后一路走来，您神奇般地跨越了三个世纪，享有“中华百岁老人健康之星”的殊荣。更令世人称奇的是，您一生酷爱剪纸，技艺精湛，剪了一百多个春秋，剪得“美满民间”。大家都喜欢称呼为人平和慈祥的您为“奶奶”。今年春节期间，全家人在医院给您过113周岁生日，您的大儿子给我打电话说：“妈妈又逃过一劫，又过了一个新年。”

奶奶是带着欣慰走的。就在“三八”妇女节前的一个多月里，为纪念“国际劳动妇女节”100周年，您与小女儿合作剪了一幅剪纸礼花作品，献给国际劳动妇女节。然而谁也没有想到，这件剪纸作品竟成了绝作。

奶奶巧剪人间锦绣，整整剪了一个多世纪。您在家乡富春江畔剪了半个世纪的原生态剪纸，传承了中国传统剪纸技艺，在丰

富的民俗活动中得到应用，乡邻称您为“福星”。著名画家叶浅予称您为他的“启蒙老师，走上艺术道路的引路人”。解放后，您随大儿子定居南京，又剪了半个世纪的创新剪纸。您一生剪出了新中国60年辉煌的历程。去年，本人撰写并发表在中英文版《文化交流》上的《113岁剪纸艺术家胡家芝》一文，全面介绍了您辉煌的一生。您不但在剪纸内容上作了创新，而且形式上也大胆创新，充分运用传统的剪纸元素，使作品更充满诗情画意的书卷气。总之，您把中国民间剪纸从原生态的传统剪纸提升到与现代剪纸相结合创新剪纸的空前高度，实现了剪纸艺术的超越，堪称一代剪纸艺术大师，剪坛泰斗。

奶奶有三子二女，个个事业有成，他们分别是大学教授、高级工程师、高级工艺美术师、高级政工师、空军军官，四代同堂，福寿双全。奶奶一生用一件件喜花传递一份份祝福，表达一份份爱心。用剪纸的特殊音符、语言和色彩，演奏了一个世纪我们民族的颂歌。展示一页页美好生活画卷的您，被南京市政府授予“终身成就奖”。记得在2005年，奶奶曾对我说了一个心愿：到北京奥运会时，一定要为奥运剪一幅大喜花送到北京。果然，您实现了。当奥运圣火传递到南京时，那天您坐着轮椅在南京大街上为奥运圣火传递队伍纵情欢呼："奥运加油！北京加油！"那镜头是多么的精彩，多么的动人呀！您的业绩也载入《中国美术年鉴》、《世界名人录》，还有上百件作品被国家有关单位所收藏，那琳琅满目的奖杯、奖状、证书告诉人们，您实现了人生价值的超越。

家乡人民永远不会忘记，当年您送来了500本自己的《喜花剪纸作品集》，是您的作品激活了家乡的民间剪纸艺术，家乡人以此为主要教材，开展剪纸技艺的抢救保护和传承活动，几经努力，出作品、出人才、出成果，桐庐剪纸终于走出国门。这正如叶浅予先生给您的信中所说："您的作品必将培育和催发出更多更多的艺术细胞，使之发芽开花。"正因为桐庐有您这样一位民间剪纸艺术的代表人物，所以桐庐能先后成功申报了"浙江省民间艺术（剪纸）之乡"、"中国民间艺术（剪纸）之乡"，桐庐民间剪纸还申报为省级、国家级"非遗"项目，并由此成功地举办了三届"神州风韵"全国剪纸大赛活动。从此，剪纸成了桐庐的一张金名片。

难忘2002年4月，女儿村创建的"桐庐民间剪纸艺术馆"正式对外开放，您受聘为名誉顾问，并送来《凤凰牡丹》贺作；2009年，在政府的重视下，将您的故居修建为您的剪纸艺术馆，您又送回故乡上百件剪纸作品、资料等展品，为桐庐增加了一个剪纸艺术展示的窗口。因为有您的剪纸情缘，二十多年来，在南京与桐庐之间架起了一座文化传承的桥梁。1989年10月，您将作品集及部分原作和音像资料送回故乡，其中有一件是您特意为感谢故乡政府而创作的《故乡长青》，表达了您对家乡浓浓的真挚感情。1995年，桐庐县文化局与南京美协联办您的“百岁剪纸艺术作品展览”，我给您送去了三副祝寿联，表达家乡人民的美好祝愿。2001年7月，为拍摄桐庐民间艺术VCD资料片，我们去南京采访您，临别时，女儿村裘总拉着您的手说：“您是富春江飞出的金凤凰，是我们桐庐年龄最大的女儿，到时聘请您当桐庐剪纸艺术馆名誉顾问，好不好？”您频频点头：“好！好！”2004年，您创作了《花好月圆》等4件作品送回故乡参加首届“神州凤韵”全国剪纸大赛，您荣获“特殊贡献奖”。

2006年8月，您为桐庐新剧院大厅文化墙重描《龙凤呈祥》图稿，后被放大仿制成青铜浮雕，这件作品古朴典雅，美不胜收。

难忘2006年10月，我赴南京借您的作品到大奇山庄举办您的精品展时，将王伯敏教授书写的《松鹤寿》礼品送上，您母子俩如获珍宝，十分激动。您也为王老剪就了如意八结《福禄寿》。王老收到剪纸礼品也十分激动，在衬纸上书写“龙在其中”四个字，并交

女儿王萍复制了数十件，制成礼品馈赠宾朋。在展厅上王老又书“爱剪纸，爱中华”六个大字，参观者无不为您的作品和王老的精神所感动。

难忘2007年年末，您受聘为“垂云通天河”景区形象大使，一张张印有您的照片、作品和简介的邮政有奖贺年明信片带着您老人家的美好祝福，从桐庐飞向祖国四面八方。

家乡人民一直牵挂着您。近几年，县委宣传部，县文联、文广新局领导和王伯敏教授多次赴南京专程拜访您，其中王老是博士生导师、著名美术史论家、画家、诗人，他与您这位民间艺术家间的对话将成为中国民间艺术史上的美谈和佳话。去年年初，您外孙、《金华日报》的记者张华钢为给您写传来桐采访时，我催他要抓紧，传记终于在2009年年底问世。今年，在您出院后不久，当县文广新局负责人陪同省文化厅领导专程前往拜望您，送上“非遗”荣誉传承人的奖状和证书时，您笑得那么灿烂，大家为您而自豪。

桐庐成为“中国民间剪纸之乡”，奶奶您功不可没！今天您走了，霎时我的脑海里仿佛出现一道彩虹，横跨在南京—桐庐两地的上空。这是一道永不消失的彩虹，我仿佛看到您在彩虹上来回走着，走着，您在俯视富春大地的烂漫山花，又仿佛在俯视着莫愁

湖畔的春风杨柳……望着望着，您又像“天女散花”，撒下一幅幅精彩绝伦的剪纸花……

胡家芝奶奶，家乡人民永远怀念您！

3. 外婆，走了……

张华钢

“今天下午2时50分，你外婆走了，走得很安详。”2010年3月23日下午近4点，我正在单位上班，突然接到母亲打来的电话，脑中霎时一片空白，好久都没缓过神来。

外婆走了？我不敢相信，更不愿相信。

但是，外婆真的走了……

下午刚上班时，母亲曾打来一个电话说：收到姨妈从江苏省人民医院发来的短信，外婆身体情况不好，我买了傍晚到南京的火车票，要赶去一趟。母亲焦急的语气，使我的心一下子揪紧了：万一……很快，我又有点释然：3日初，外婆曾因吃不下饭、呼吸不畅等原因住院治疗，亲人们十分着急，在金华的母亲和在苏州的姨妈及时赶去照料。经过医生精心医治，她于3月10号康复出院了。那么这一次，会不会还是虚惊一场？想不到才过几个小时，噩耗无情地传来了。

外婆走了，走在人生的114岁高寿之际，走在亲朋好友曾一直怀有的美好祝福之中……在人类的各种关系和称呼中，母亲的母亲——外婆，往往与“慈祥”“信赖”“疼爱”“甜蜜”等字眼相联结，与人生之中的童年、少年、青年时的成长相伴随。从台湾的校园歌曲《外婆的澎湖湾》中，我们不也能细细地品味到其中细腻、美好的情感？由于金华和南京相距较远，我开始对外婆的印象已迟至工作以后，几十年来，我多次专程到南京看望外婆，有时也趁出差的机会在南京逗留一下。每一次，都吃到外婆烧的饭菜，感受到外婆的慈爱之情。饭桌上，外婆满脸亲切、关爱，始终笑眯眯的，连声对我说：“华钢，吃菜，多吃点……”

外婆于1897年2月出生于桐庐，1952年迁居南京，是个普通的家庭妇女。光阴似水，从小喜欢剪纸的外婆，竟然一剪百年，剪技誉满大江南北，被故乡人称为从富春江畔飞出的“金凤凰”，成为南京市家喻户晓的剪纸老太太。她的一幅幅作品，透出了对党、国家、亲朋生活的浓浓的爱，亦折射出新中国的光辉历程。外婆的作品发表、展出、结集出版、获奖，电视、报纸、电台上常有报道，“中华百岁老人健康之星”、“南京市文学艺术奖终身成就奖”等荣誉一个接一个，成了新闻人物；她拥有一个四世同堂的幸福大家庭，感受着生活美满……我想，外婆多么希望让自己的生命再延长一些，能够多创作一幅作品，多享受一些天伦之乐啊。作为江苏省最长寿者，这一天，她终因身体器官衰竭，驾鹤西去……

生老病死，生命的规律无人可以抗拒。外婆在走向人生的最后时刻，关爱始终相伴，温暖始终相随。惊闻外婆去世的消息之后，我在悲痛之余又略感欣慰，我在外婆生前完成了自己的最大心愿：撰写出版的外婆传记，递到了外婆的手上。

今年春节期间，我专程到南京大舅舅家看望外婆。眼前，是熟悉的卧室，墙上是熟悉的剪纸，与一年前我为写作传记来时完全一样。外婆斜靠床头，我递给她那本散发着油墨清香的书，指着封面上外婆正在剪纸的照片说："外婆，你看这是谁呀？""是我呀。"她笑了，一种发自内心的恬淡的笑。但我发现，她去年还剩下的最后一颗牙齿，这次也没有了……

这几天，时而春阳暖暖，时而春雨缠绵。我思忖，外婆在临走时，内心一定是充实而满足的。

对外婆的生活和身体状况，当地政府和有关方面一直十分关心并给予帮助；故乡的人们同样如此。3月11日，浙江省文化厅和桐庐县有关方面领导前往南京探望刚出院的外婆，送去了"浙江省非物质文化遗产项目（剪纸）荣誉传承人"证书，还有饱含浓浓乡情的黄花菜、大红枣、白莲子。在第二天的《浙江日报》"寻找民间文化"栏目上，我和广大读者一样，读到了该报记者用笔深情写下的通讯《跨越百年的剪纸艺术人生——红纸巧手剪春秋》。文章最后写道："下午时分，一行人辞别胡家芝。这时，一缕阳光正透过窗棂，照在胡家芝百岁大寿时创作的《百寿图》上：一百个'寿'字被高山流水、寿桃松鹤环绕，透着柔美的生命气息。"

外婆走了。

3月27日上午告别仪式上那簇拥的花圈和挽联，亲人们那悲恸的哭泣声，那份浓得化不开的亲情与难割难舍的眷恋，外婆在天之灵，你感觉到了吗？

外婆走了。她走在"雨纷纷"的庚寅虎年清明时节即将来临之际，却永远走不出我细长柔绵的情感的视线……

最后的手稿《荷花蜻蜓》

好花

是个世界

蜻蜓

是个人

人来到这个（美好的）

世界上

……

胡家芝 2010.3.

后记

袁 振 洪

中国著名剪纸艺术家胡家芝是我母亲，母亲的剪纸作品一直深深吸引着我，每当拿起她的作品时，我总感到有一种无比的激动，一种美好的享受，她的剪纸也一直是我非常喜爱的艺术收藏品。

许多人都会有同样的感受，钦佩她，崇敬她，对她有很高的评价，并真诚关慰过她。在这里讲心里话，我一直极其地感激他们。在我的脑海里，总是希望能为母亲一生的剪纸事业做一些整理和研究工作，为此，从收集资料、讨论研究、写作文字、配好照片和图例，历时近三年时间，在家人的一起努力下，《宝剪不老 生花百年：中国著名剪纸艺术家胡家芝》一书终于能如愿正式出版了。

在这里我要十分感激我的先生和孩子们，感谢我姐姐袁振湘以及袁宏、金珂、华纲等亲戚们的积极支持，感谢母亲生前亲朋好友们的热心帮助。最后，感谢为书中应用的照片的每位摄影者。还要谢谢苏州大学出版社的有关领导和编辑的辛勤工作。

由于我在苏州，长期不和母亲生活在一起，有的事情也并不都清楚，不能全面地写出来，不足之处，恭请大家谅解。

2012年12月于苏州采香花园

图书在版编目（CIP）数据

宝剪不老　生花百年 ：中国著名剪纸艺术家胡家芝 / 濮军一，袁振洪著. -- 苏州 ：苏州大学出版社，2013.5

ISBN 978-7-5672-0430-0

Ⅰ. ①宝… Ⅱ. ①濮… ②袁… Ⅲ. ①胡家芝一生平事迹 Ⅳ. ①K825.72

中国版本图书馆CIP数据核字(2013)第095858号

宝剪不老 生花百年：中国著名剪纸艺术家胡家芝

著　　者：濮军一　袁振洪
责任编辑：刘　海
装帧设计：濮军一

出版发行：苏州大学出版社（Soochow University Press）
出 版 人：张建初
社　　址：苏州市十梓街1号 邮编：215006
网　　址：www.sudapress.com
E－mail：liuwang@suda.edu.cn　QQ：64826224
邮购热线：0512-67480030
销售热线：0512-65225020
印　　刷：苏州市工业园区美柯乐制版印务有限责任公司
开　　本：889mm X 1194mm　1/16
印　　张：13.75
字　　数：120千
版　　次：2013年5月第1版
印　　次：2013年5月第1次印刷

书　　号：ISBN:978-7-5672-0430-0
定　　价：158.00元